交渉の戦略

孫子の哲学が導く意思決定の技術

窪田恭史 著

セルバ出版

〈はじめに〉

本書は最も有名な兵法書『孫子』の要点を学び、それを交渉について研究した学問である「交渉学」に置き換えることで、『孫子』をより身近に感じていただくとともに、交渉学の知見を広く皆さんの生活に役立てていただこうと思い、執筆いたしました。Podcastの番組『人をつなぐ、未来をつなぐ。トレードオンの交渉学』でお話しさせていただいた内容がベースになっています。

『孫子』は、今から2500年ほど前、中国春秋時代末期の呉国に仕えた孫武によって書かれたとされる兵法書です。

古代中国にはかつて300以上の兵法書が存在したといわれていますが、『孫子』はその中でも最古にして、かつ今日まで最も広く読み継がれ、経営者やビジネスマンはもちろん、幅広い層に人気があります。

その理由は、13篇からなる『孫子』が、古代の戦争を題材として、戦争の原則、戦略・戦術、状況判断、人間関係や心理等、今日の我々が意思決定を行う際に役立つ普遍的知恵を1つの体系として簡潔にまとめているからではないかと思います。

そして、これは『孫子』に限らず『論語』などの古典にも言えることですが、読者1人ひとりの関心や経験に合わせて様々な示唆が得られることも魅力の1つです。

一方、欠点は古代の戦争について書かれた書物であるため、現代の我々にはほとんど関係のない記述が多く含まれていたり、解釈が難しいといったことが挙げられます。そのため、「百戦百勝は、善の善なる者に非るなり」や「兵は詭道なり」といった、一部の有名な語句だけが格言として独り歩きしがちです。

読者の中にも、こうした言葉は知っているが、全体として『孫子』にどのようなことが書かれているのかはよくわからないという方もいらっしゃるのではないでしょうか?

こうした欠点を補うため、すでに『孫子』の現代語訳と共に、現代の我々に身近なテーマで解釈を補った解説本が多数出版されています。

しかしながら、多くの解説本は各篇ごとに異なるテーマを当てはめて解説しており、『孫子』全篇を通じた各篇のつながりが見えにくくなっていると感じます。

実は『孫子』は示唆に富む記述が多いというばかりでなく、全篇が密接に関連し合い、1つの体系を成しています。その体系を理解することで得られる教訓も多いのです。

残念ながら、各篇ごとに異なるテーマを当てはめてしまうと、この大切な体系が途切れてしまいます。「何か一貫した、かつ現代の我々に身近なテーマで『孫子』の解釈を補うことはできないか?」、そういった思いは、かなり若いころから筆者の中にありました。

そこでテーマとして選んだのが、筆者がNPO法人日本交渉協会に所属し、学んできた「交渉」の理論だったのです(本書では交渉理論や交渉研究を総称して「交渉学」と呼びます)。


交渉というと、外交交渉やビジネス交渉、あるいは裁判など特定の分野で行われる縁遠いもの、と思われる方もいらっしゃるかもしれません。

しかし、社会に生きる我々は多かれ少なかれ、日常何らかの交渉を行っています。例えば、本書の中にも登場しますが、朝、親が寝ている子どもを起こす過程も交渉の1つなのです。

交渉学は、我々の日常生活における様々な意思決定や人間関係を改善していくために研究されている学問と言えます。ですから、交渉は、ほとんどの皆さんに関わりのあるテーマであり、より多くの皆さんに『孫子』に触れていただくのに適しているのではないかと思ったのです。


一方、『孫子』が持つ体系に交渉学の成果を当てはめることは、交渉学を学ぶ上でもメリットがあります。簡単に言うと交渉とは、「2名以上の人が、通常は相反する利害を調整し、よりよい成果を得るための、話し合いによる意思決定」のことを言います。

そのため、どのように利害を調整するか、どのようによい結果を得るか、どのように話し合うのが望ましいのかなど、研究対象として扱う領域が非常に広いのです。これまで多くの交渉に関する書籍は、個人の経験をまとめたものか、交渉学の一部のテーマに焦点を当てたもの、あるいは個々の理論を並列的に取り上げたものが多く、交渉学の理論間のつながりが見えにくくなっていると感じていました。

『孫子』の体系に当てはめることで、交渉学の「この理論は交渉前の戦略部分について述べているのだな」とか、「交渉の席での戦術について述べているのだな」というように、理論を実際の生活に応用していく上で、整理がしやすくなるのではないかと思います。

そして、『孫子』という兵法書が、単に戦場での戦い方を述べたものではないゆえに、その知恵が普遍性をもって今日まで受け継がれてきたのと同様、交渉現場の経験談やテクニックではなく、「交渉学」を選んだのは、そこから得られる知恵をより幅広い読者に応用しやすいと考えたためと、後に述べるように、交渉現場でのやり取りだけが交渉の範囲ではないことをお伝えするためです。

本書は『孫子』の体系に沿って章を構成しています。各章は、初めに『孫子』各篇のポイントをできるだけ簡潔にまとめ、次にその交渉への活かし方として、学問として研究されている「交渉学」のトピックを取り上げるという構成になっています。

なお、各篇のポイントは、『孫子』の言わんとするところに補足を加えながらまとめたもので、『孫子』本文の現代語訳や解説ではありません。それらについては、すでに数多くの優れた書籍が出版されていますので、それらをご覧いただければと思います。

また、本書が参考にしている『孫子』は、筆者がかつて学んだ、佐野寿龍先生の主催する講座、『孫子に学ぶ脳力開発と情勢判断の方法（基礎篇～総括編）』で使用した、武岡淳彦監修、佐野寿龍校注、『孫子兵法』（ありあけ出版）です。

同書は、今日我々が目にする『孫子』の元となった『魏武注孫子』（『三国志』で有名な曹操がまとめたもの）の流れを汲む『宋刊十一家注孫子』や『宋刊武芸七書　孫子』、中国山東省銀雀山で発見された『孫子』の竹簡なども比較しながら、本来『孫子』持っていたと思われる理論体系を復刻しようと試みたものです。

本書には文庫本でも薄い『孫子』を1年かけて丹念に読んだ、同講座での学びが活かされています。佐野先生にはこの場を借りて御礼申し上げます。

最後に、長年にわたり交渉理論のご指導をいただいている、国際基督教大学名誉教授、土居弘元先生、並びに本書の執筆に多大なご尽力をいただいた、特定非営利活動法人日本交渉協会代表理事安藤雅旺様にも厚く御礼申し上げます。

２０２５年１月

窪田恭史

【本書の『孫子』部分の参考文献】

・『孫子に学ぶ脳力開発と情勢判断の方法（基礎篇〜総括編）』テキスト　佐野寿龍著

交渉の戦略　～孫子の哲学が導く意思決定の技術　目次

第2章　「孫子の兵法」から学ぶ「互角の場合の戦略」と交渉への活かし方

第3章　「孫子の兵法」から学ぶ「劣勢の場合の戦略」と交渉への活かし方

第4章 「孫子の兵法」から学ぶ「戦術」と交渉への活かし方

第5章　「孫子の兵法」から学ぶ「情報」と交渉への活かし方

おわりに

第1章

「孫子の兵法」の基本思想と交渉への活かし方

『孫子』は「計篇」から「用間篇」まで、全13篇で構成されています。最初の3篇、「計篇」、「作戦篇」、「謀攻篇」では、『孫子』を貫く基本思想と兵法の原則について述べています。

その要点は、「無用の戦争は避ける」、「（戦わざるを得ないのであれば）被害の少ない戦いをする」の2点です。後続の篇でも折に触れてこれらの原則に立ち戻ります。

一方、交渉は戦争と違い、積極的にしてよいものです。しかし、一般的に交渉には「互いに腹を探り合い、相手から利益を奪う行為」、「勝ち負け」というイメージがあります。これは交渉の本質でもすべてでもないことを、本書でお話しします。

日本に初めて交渉学をもたらし、日本交渉協会の創設者でもある、藤田忠先生は、交渉について次のように述べています。

「ゼロサムの相互が不信の哲学に立つ時両者は共倒れになるのである。これが過当競争の結果であり、破壊的競争のもたらすものである。そこで求められるのが燮（やわらぎ）の交渉である。交渉は人間関係である。厳しい対立の人間関係である。しかし、相手を否定する人間関係ではない。そこに人間的ぬくもりが求められる。やわらかさのある交渉である。それが燮（やわらぎ）の交渉である。これがタフな交渉者の力なのである」。

つまり、「破壊的競争をもたらし、共倒れになる」ような交渉は、本来あるべき交渉ではないというのです。「無用の争いを避ける」、「被害の少ない戦いをする（交渉の場合は、お互いの利益を創造する）」という点において、『孫子』の主張と日本交渉学の祖である藤田先生の交渉思想は一致していると言えます。

1 「孫子第1　計篇」のポイント

「計篇」は、前提として、戦争は国の存亡を左右しかねない大事であるため、みだりに行うべきものではないと説いています。とはいえ、時には戦わざるを得ない場合もあります。そのような場合に備え、君主および将帥たるものは、戦争の勝敗を左右する要因を常に分析し、万全の備えを怠らないようにしなければなりません。

「戦争の勝敗を左右する要因」とは、五事・七計・詭道のことです。「五事」とは、戦争の勝敗に影響を与える国力や地理・気候などの環境要因を指します。つまり次の5つです。

(1)　天…気象条件や季節の影響
(2)　道…国民の団結力や統治の安定度

(3) 地…地形や地勢の有利・不利
(4) 将…指導者や将帥の能力・資質
(5) 法…秩序を維持する法律や制度

戦争は戦場に到着してから始まるものではありません。これらの五事が疎かになると、戦いが始まる前から勝敗が決まってしまう恐れがあります。したがって、君主や将帥は、常に自国と敵国の五事を比較し、相対的に弱い五事については、それを強化する努力を怠ってはなりません。

次に「七計」とは、五事を具体化したものであり、戦場において敵味方の戦力差を比較するための要素を指します。

具体的には、①君主の判断力や統率力、②将帥の戦略眼や指導力、③地形や気象の影響、④法律や軍規の整備状況、⑤民衆の活力や戦争への協力度、⑥軍の戦闘力、⑦規律を維持する仕組み、です。これらを比較することで、勝敗の行方を見極めます。

そして、最も大事なこととして、君主は一度将帥を任命したならば、権限を委ねなければならないと説いています。何故なら、戦争の本質は次に述べるように「詭道（だまし合い）」であり、絶えず変化する戦場の状況に、適宜柔軟に対応する必要があるからです。

「計篇」の有名な言葉に、「兵（いくさ）は詭道なり」というものがあります。戦争とは腹の探り合い、だまし合いであるという意味です。強くても弱いふりをし、弱くても強いふりをする。近くにいても遠くにいるふりをし、遠くにいても近くにいるふりをする。利益を餌にして誘い出し、その利益を奪うことで相手を弱体化させる。つまり、常に敵の不意を突くのが戦争なのです。

それを可能とするには、将帥が状況に応じて臨機応変に指揮を執ることができなければなりません。そのような環境をつくり出すことも君主の重要な役割だと『孫子』は説いています。

2　「計篇」の交渉への活かし方

「計篇」を交渉にどう活かすか

それでは、「計篇」を交渉にどう活かすかを見ていきましょう。本節で取り上げる「計篇」の交渉への活かし方は次の通りです。

・交渉は大いにすべき
・交渉の3次元
・交渉力の源泉
・交渉の7要素
・交渉の留保点を巡るかけ引き

交渉は大いにすべき

『孫子』は約2500年前に編纂されたとされる兵法書であり、言うまでもなく戦争について書かれた本です。古代の戦争について書かれた本が現代でも読み継がれているのは、戦いに仮託した様々な知恵が、ビジネスをはじめとする現代人の生活に役立つ普遍性を持っているからでしょう。

本書も『孫子』と交渉学の分野で研究されてきた成果を重ね合わせることで、交渉学を体系的に理解し、日常生活に役立てやすいようにしようと試みています。

とはいえ、ビジネスや交渉にとって戦争はあくまでメタファー（暗喩）であって、全く同じものではありません。『孫子』が言うように、戦争は国の存亡を左右しかねない大事なので、みだりに行うものではありませんが、交渉はやって悪いということはないのです(もちろん、状況によって「交渉しない」という選択肢を選ぶ場合はあります)。

交渉とは、「複数人の(通常は相反する)利害を調整し、自分にとって望ましい結果を得ることを目指した、当事者間の話し合いによる意思決定」のことを言います。例えば、朝、親がいつまでも寝ている子どもを起こそうとしますが、子どもは「あと5分だけ」と言って布団に潜り込んでしまったとします。

この親が子どもを起こすまでの攻防も、

① 複数人が関わる…親と子ども
② 相反する利害…親は起こしたい、子どもは寝ていたい
③ 話し合い…「起きなさい」、「あと5分だけ」
④ 利害の調整…「起きる」と「寝る」の間をとった、子どもによる「あと5分寝る」という代替案の提案
⑤ 意思決定…例えば親が「5分だけだよ」と言って双方が合意すれば、それは意思決定

というように、先に述べた交渉の定義を満たしているので、立派な交渉と言えるのです。

交渉というと、商談や外交、裁判など特定の場だけで行われるものと思いがちですが、私たちは、実は日常的に何らかの交渉を数多く行っているのです。

むしろ、戦争と違い、交渉しないということが大きなコストとなる場合もあります。例えば日本ではあまりなじみがありませんが、アメリカでは求職の際、自分がもらう初任給について交渉するのが一般的なようです。

カーネギーメロン大学のリンダ・バブコックが行った調査によると、男性と女性の賃金格差は10：7・7であり、それには男性のほうが女性より4倍多く自分の利益のために交渉する傾向が部分的に影響している、と彼女は主張しています。

例えば、同程度の学歴、能力を持つ男女がそれぞれ初任給として年収600万円を提示されたとします。このとき、男性だけが会社と交渉し、年収を1％だけアップしてもらったとします。さて、この会社では年率3％ずつ給料が上がり、2人は10年間この会社で働いたものとします。そうすると、単純に計算して、10年間に得る総所得は男性6947万円、女性6878万円となります。

最初に年6万円の上積みを交渉したか否かが、10年で約69万円の差になったという訳です。もし20年働いたとすれば、その差は161万円になります。

聖書（マタイ伝）に「求めよ、さらば与えられん」という言葉があります。遠慮して口をつぐむのではなく、交渉してみたらよい結果となったという場面は意外と多いのかもしれません。

交渉の3次元（3D交渉）

戦争で勝つためには、戦場における戦術ばかりでなく、平時から勝敗に影響を及ぼす国力や環境要因（五事・七計）を考慮しなければならないように、交渉も交渉の席でのかけ引きだけが交渉ではありません。

ハーバード大学のジェームズ・セベニウスは、交渉には、交渉者が考慮すべき３つの次元があると述べています。

①　第1次元：交渉戦術

いわゆる交渉の席における戦術レベルの話です。例えば、相手の話を注意深く聴く、非言語的コミュニケーションに注意を払う、客観的情報で説得する、交渉の場の席の配置や発言者の役割を工夫すると言ったことです。

ほとんどの交渉にはこの第1次元が含まれ、交渉研究の多くもこの分野についてなされています。

②　第2次元：交渉設計

交渉を「勝ち負け」と捉えるのではなく、お互いにとって望ましいWin-Winの結果となるような交渉を「統合型交渉」と言います。一方、「勝ち負け」の交渉は「分配型交渉」

と呼びます。

第2次元は統合型交渉となるための条件を設定します。例えば、交渉相手が主張する立場でなく、その裏にある利害（関心）が何かを探り、相手のニーズを満たしつつ、こちらにとってもよい結果をなるような代替案を設計するというようなことです。

③ 第3次元：セットアップ

しかし、第1次元、第2次元だけ考えても上手くいかない交渉もあります。

例えば、自分の目的を達成するのに、そもそも目の前の相手は交渉相手として適切なのか？ 相手が交渉の席に着いてくれるために、根回ししておくべき相手が他にいるのではないか？ 交渉相手が複数いるとすれば、誰と誰を交渉相手とすべきか、あるいは誰を外すべきか？ 複数の交渉相手とどの順序で交渉すれば最も有利か？

このように、目の前の交渉から一歩離れ、目的達成のためにより大きな視野で俯瞰しなければならない複雑な交渉もあります。このような次元を「セットアップ」と言います。

交渉を第3次元から俯瞰的に捉え、交渉の形そのものを変えてしまうことで成功に導いた例として、ベトナム戦争停戦交渉（1968年〜1973年）における、当時のアメリカ国務長官ヘンリー・キッシンジャーの交渉があります。

同交渉において、交渉相手の北ベトナムは、中国やソ連（現ロシア）といった大国からの豊富な支援を背景に、長期交渉の構えを見せ、アメリカ軍の撤退、南ベトナム政府の解体といった、南ベトナムを支援するアメリカにとって、到底受け入れ難い要求をしていました。

一方のアメリカは、アメリカ軍撤退、アメリカ人捕虜の帰還、南ベトナムからの北ベトナム軍撤退を求めていましたが、国際社会からの非難や国内の反戦世論の高まりに加え、大統領選挙に向けて和平協定を外交成果としたい大統領の思惑から、交渉の長期化を避けなければならない事情がありました。

そのようなアメリカの事情は北ベトナムも理解しており、キッシンジャーが着任する前、北ベトナムは自分たちが滞在するパリ郊外の別荘を２年間借り切ることで長期戦の構えを見せ、交渉は暗礁に乗り上げていました。

このようなアメリカにとって圧倒的に不利な状況において、交渉を第１次元で捉えていたのでは、一向に打開策を見出すことはできません。

そこでキッシンジャーは、第３次元の観点から、交渉相手を北ベトナム１国ではなく、彼らを支援する中国やソ連にまで広げました。ちなみに、あくまで戦争の勝利を主張する南ベトナムは交渉の障害になると考え、敢えて交渉のグループから外しています。

初めにキッシンジャーは、中ソの対立に目をつけ中国に接近しました。アメリカが中ソ対立において最大限中国を支持する見返りに、北ベトナムへの支援を打ち切り、アメリカの立場を受け入れるよう、北ベトナムに圧力をかけることを中国に求めました。

アメリカが中国に接近する様子を見たソ連は、慌ててアメリカに接近しました。当時ソ連はベトナム問題より西ドイツとの関係改善が喫緊の課題でした。

このソ連の利害（関心）に目をつけたキッシンジャーは、西ドイツを動かすにはアメリカからの働きかけが必要であるように見せかけ、その見返りとして、やはり北ベトナムへの支援打ち切り、アメリカの立場を受け入れるよう圧力をかけることを求めたのです。

その結果、両国は北ベトナムへの支援を打ち切り、後ろ盾を失った北ベトナムは交渉に応じざるを得なくなりました。こうして１９７３年1月、パリ和平協定が発効したのです。

交渉力の源泉―交渉における五事

「計篇」では、戦場での戦闘力以外の戦争の勝敗を左右する要因として、「五事」が挙げられていました。同様に交渉においても、交渉力に影響を及ぼす様々な要因が存在します。

これらの要因の特定は、研究者によってまちまちであり、絶対的な決まりというものはありません。

例えば、社会心理学者のジョン・フレンチとバートラム・レイヴンは、①報酬、②強制、③正当性、④準拠的、⑤専門性の5つを挙げています。一方、経営学者のロイ・レビスキー、ブルース・バリー、デイビッド・サンダースは、①情報、②個性や個人差、③立場、④人間関係、⑤文脈の5つを挙げています。

本書では、①資格、②資源、③正当性、④個性の4つを取り上げます。

1つ目の「資格」とは、例えば医者や弁護士のように専門性を有しているということです。重要な情報や専門知識を相手より有していれば、それだけ交渉を有利に進めることができます。

2つ目の「資源」は、お金や時間、軍事力、人材といったリソースを指します。前述のベトナム戦争停戦交渉の初期において、北ベトナムは滞在する別荘を2年間借り上げ、長期戦の構えを見せました。これは交渉の長期化を避けたいアメリカに対して「時間」という資源を交渉力として用いた例です。

3つ目の「正当性」は、例えば社内交渉において、「社長は基本的に私の案に賛成している」

というように、「社長」という権威を自分の主張の正当化のために用いるというようなことです。

4つ目の「個性」は、ある状況でどのように振る舞うかを決める、個人の認識、動機づけ、気質、道徳的指向などを指します。

交渉の7要素—交渉における七計

『孫子』において、戦場において敵味方の戦力差を比較するための相互に関連した要素に「七計」というものがありましたが、交渉にも、相手との比較や、よりよい成果を導くためのチェックリストとして、交渉に含まれる相互に関連した「7要素」というものがあります。

これは、ベストセラー『ハーバード流交渉術』（TBSブリタニカ）で、交渉学の成果を一般にわかりやすく紹介したロジャー・フィッシャーが、ダニー・エルテルとの共著“Getting Ready to Negotiate”の中で特定した次の7つです。

① 利害（関心）（Interests）・・・交渉を通じて実現したい目的や満たしたいニーズは何か？

② 代替案（Alternatives）・・・当該交渉での合意以外で考えうる選択肢の中で最善のものを交渉学の用語でBATNA（バトナ）と言います。当該交渉に対するBATNAは何か？

③関係（Relationship）・・・交渉相手との関係の重要度はどうか？
④選択肢（Options）・・・考えうる合意可能な選択肢は？
⑤正当性（Legitimacy）・・・自分および相手の主張の正当性（または不当性）は何か？
⑥コミュニケーション（Communication）・・・よりよい交渉結果のため、言語／非言語（表情やしぐさなど）を駆使し、どのように伝え、どのように質問するのが効果的か？
⑦コミットメント（Commitment）・・・合意が確実に履行されることの確認。

これらの7要素は、交渉の準備の時だけではなく、実際の交渉で行き詰まった際などに、どこに問題があるのかを診断するためにも使えます。7要素の順番は、大まかに実際の交渉の流れに沿って並べられていますが、必ずしもこの通りであるとは限りません。例えば、コミュニケーションは当然交渉の序盤から重要ですし、選択肢は交渉過程で変わる可能性もあります。また、各要素の重要度も、交渉の性質によって異なります。例えば、自分の利害（関心）を限りなく満足させることより、相手との良好な長期的関係の方が重要な交渉もあるかもしれません。

交渉の留保点を巡るかけ引き

「計篇」の最後に『孫子』が述べているのは、「戦争とは腹の探り合い、だまし合い」ということです。交渉もお互いよい合意に達するため、胸襟を開いて話し合い、有用な情報をすべて開示し合えればよいのですが、現実にそのようなものばかりとは限りません。

例えば、商品Aをめぐる単純な売買交渉で、売り手はこの商品を4000円以上なら売ってよいと考えており、買い手は5000円以下なら買ってもよいと考えているとします。また、売り手はどうしてもすぐに売りたい、買い手はどうしてもすぐに買いたいと考えています。とはいえ、売り手は4000円以下、買い手は5000円以上では合意したくないので、その場合は態度を保留します。

この、これ以上は譲れないと考えている値を交渉学の用語で「留保点」と言います。理論上、この交渉はお互いの留保点の間、つまり4000円から5000円の範囲内のいずれかの価格であれば、どこであれ合意できるはずです。この範囲のことを交渉学の用語で「合意可能範囲（ZOPA（ゾーパ））」と言います。

しかし、売り手も買い手もできることなら自分になるべく有利な価格で合意したい、とは言え、あまり法外な要求をして交渉が決裂することも避けたいと考えるはずですので、結果的にお互いの留保点を探るかけ引きが展開されることになります。

このように、交渉は戦争と違い、常に「腹の探り合い、だまし合い」であるとは限りませんが、「腹の探り合い」の要素が含まれることが多いのも事実なのです。

3　「孫子第2　作戦篇」のポイント

『孫子』の第2篇は、「作戦」と言います。「作戦」というと戦いや試合をうまく運ぶ方法や策略のことを思い浮かべると思うのですが、『孫子』では「戦をおこす」という意味で使っていると思われます。「『孫子第1　計篇』のポイント」（17頁）で、「戦争は国の存亡を左右しかねない大事であるため、みだりに行うべきものではない」というのが『孫子』の基本的な考え方であるというお話をしましたが、それでもやむを得ず戦争をしなければならない場合があります。

「作戦篇」は、やむを得ず戦いを始める場合における、行動原則について述べています。

まず、「計篇」に続いて、戦争がいかにコストのかかるものであるかについて述べ、国を司る君主として、みだりに戦争に訴えることを戒めています。それでも、やむを得ず戦わなければならなくなった場合、第1原則として、「戦争の早期終結（拙速）」を挙げています。

もちろん戦史において、短期決戦ではなく持久戦が功を奏した例も数多くあるのですが、そのような手段をとるのは、基本的に相手から攻めかかられ、かつこちらが劣勢にある場合です。言い換えれば、持久戦は弱者の戦略なのです。

逆にこちらが侵攻する側である場合、劣勢にあるにもかかわらず攻めかかるのは、そもそも「計篇」の戒めるところですから、前提として圧倒的に戦力優勢な強者であるはずで、その場合の基本原則が「拙速」ということになるのです。

2か月足らずで戦争を終わらせた1991年の湾岸戦争は、拙速の典型だと言えるでしょう。一方、ベトナム戦争（1964年~1975年）は、弱者である北ベトナムに持久戦に持ち込まれ、強者であるアメリカが手痛い敗北を喫した例です。

さらに、たとえ強者であっても弱点がないわけではありません。例えば、軍勢が多い程、多くの糧食が必要となり、まして遠征となるほど兵站（ロジスティクス）が難しくなります。それに当然、大軍を動かすのは莫大なコストがかかります。

そこで、『孫子』が説く第2の原則は、「物資は敵地で調達すること」となります。これには単に兵糧ばかりでなく、敵兵を味方にしたり、敵の武器や技術を自軍のものとすることなども含まれます。

これを『孫子』は、「敵に勝ちて強を益す」と表現しています。例えば、12世紀末、チンギス・

ハーン（１１６２年〜１２２７年）のモンゴル軍は、戦争の過程で投石器や火薬兵器などの技術を吸収し、ますます強勢になっていきました。

兵士が死の恐怖を乗り越え、敵を倒すためには、怒りの感情が必要です。しかし、怒りに任せて無秩序に破壊や殺戮を行えば、自軍も大きく消耗するので、望ましいこととは言えません。戦いに長けた将帥はこの点をよく理解し、敵に勝利することで自軍をさらに強くすることを心がけるのです。

4　「作戦篇」の交渉への活かし方

「作戦篇」を交渉にどう活かすか

それでは、「作戦篇」を交渉にどう活かすかを見ていきましょう。本節で取り上げる「作戦篇」の交渉への活かし方は次の通りです。

・短期交渉と長期交渉はどちらが優れているか？
・Win-Win の結果を目指す、統合型交渉
・怒りの感情と交渉

短期交渉と長期交渉はどちらが優れているか？

『孫子』では、戦いは早期決着を図るというのが大原則でした。交渉にも、早期決着を図るのがよいのか、時間をかけてじっくりと交渉するのがよいのかという議論があります。

早期決着をよしとする考え方には、相手に考える時間を与えず、かつこちらの意図が漏れる前に自分の有利な条件で合意できるからであるとか、あるいは丁々発止の交渉ではお互いが嫌な思いをすることになるので、最初から胸襟を開いて話し合ったほうがよいといった理由が挙げられます。

一方、早期決着の短所は、合意を急ぐあまりお互いの真のニーズを探ることができず、価値を創造する機会を逸し、質の低い結果に終わってしまう可能性があることです。

また、よい合意を導くため、お互いの信頼関係を築くまでに、ある程度時間をかける必要もあります。

さらに、交渉が難航すると「早く合意してプレッシャーから解放されたい」という心理が交渉者に働き、じっくりと腰を据えて交渉することを妨げるかもしれません。元より交渉者には、「合意しなければならない」という思い込みがあることが多いとも言われています。この思い込みを「合意バイアス」と言います。

この他、「交渉の3次元（3D交渉）」（24頁）で取り上げたベトナム戦争停戦交渉の例のように、外的要因によって交渉者に課された時間的制約が長期交渉を妨げる場合もあります。

いずれにせよ、短期交渉と長期交渉のどちらが優れているかは状況に依存するので、一概に言うことはできません。

Win-Winの結果を目指す、統合型交渉

「作戦篇」で述べられていることの本質は、まず「戦争はむやみにしてはならない」という「計篇」の大前提の上に立ち、やむを得ず戦わなければならない場合、「敵の戦力や資源を単に破壊するのではなく、巧みに取り込み、活用すべきである」という点にあります。

一方、交渉は戦争と異なり「価値を生むための行為」ですので、むしろ積極的に行うべきものです。そして交渉の「作戦」とも言うべき行動原則は、「相手と勝ち負けを争うのではなく、お互いの利益となるような合意を目指す」ことにあります。

一般に、交渉には「勝ち負けをめぐるかけ引き」、「利益の奪い合い」といったイメージ

があります。確かにそのような交渉もあります。「交渉の留保点を巡るかけ引き」で取り上げた売買交渉で、４０００円〜５０００円の合意可能範囲（ZOPA）の中、４８００円で合意すれば、売り手８００円のプラス、買い手は２００円のプラスです。

しかし、４４００円で合意したとすると、売り手のプラスは４００円に、買い手のプラスは６００円になります。

このように一方が得をすればもう一方が損をするような交渉を「分配型交渉」と言います。

ところで、仮に売り手が売却を非常に急いでおり、今日取引がまとまることに３００円の価値があると考えているとします。一方、買い手は取引がまとまる価値は今日でも明日でも変わらないと考えているとします。

そうすると、今日の４３５０円での合意は、買い手にとって６５０円の価値があることになり、売り手にも６５０円の価値があることとなります。当初の取引で、両者が同等の価値を分け合うための合意は４５００円であり、その場合の両者にとっての価値は５００円です。つまり、「売り手は今日中に取引をまとめたいと考えている」という新たな利害（関心）に気づくことができれば、お互いが本来得られなかったプラス１５０円の価値を得られる可能性が生まれるのです。

このように、双方の利害（関心）を明らかにすることで新たな価値を創造し、お互いにとってより有益な結果をもたらすような交渉を「統合型交渉」と言います。統合（Integrated）とは、「より効果的にするため、２つ以上のものを組み合わせる」という意味です。


作戦篇の本質が、戦うからには「敵に勝ちて強を益す」ことを行動原則として示すことにあるとするなら、交渉の行動原則は、「統合型交渉」であると言えるでしょう。

奪い合いの「分配型交渉」は、一時的に利益を上げることはできても、熾烈な競争を生み、長い目で見れば人間関係を損い、お互いを消耗させる結果となります。そのような交渉は大いにすべきものではなく、できるだけ避けるべき交渉です。「交渉の７要素ー交渉における七計」（28頁）で、「交渉の７要素」についてお話ししました。交渉の７要素は、実は交渉を統合型の観点で捉え、戦略を組み立てるためのチェック項目でもあるのです。

怒りの感情と交渉

戦場で兵士が死の恐怖を乗り越え、敵を倒すためには、怒りの感情が必要（「敵を殺すは怒なり」）であるように、怒りの感情が交渉結果によい影響をもたらす場合があることを示す研究結果があります。

アムステル大学のガルベン・クリーフによると、協力による価値創造の余地がほとんどない、つまり純粋な分配型交渉においては、怒りを持った交渉者の方が有利な条件を引き出すことができるそうです。

また、ジャーナリストのポー・ブロンソンとアシュリー・メリーマンが共著『競争の科学―賢く戦い、結果を出す』(実務教育出版)で述べているところによれば、実験室での実験では、怒りを感じている交渉者の方が、重要なポイントに集中し、取引の成功に対して楽観的になり、結果として自分が求めるものの多くを手に入れることができたそうです。

進化生物学では、怒りの感情は「縄張り(生存に必要なテリトリー)」の確保のために存在すると考えられています。縄張りを侵されると、本能的に侵入者を排除しようと戦闘態勢に入り、その意思を示すために怒りの表情を見せるのです。

怒りとは、自らの目的が誰かによって不当に妨害されたと感じたときに生じる感情です。さらに、現状を変えたり、目的達成の障害を取り除くことが可能だと信じている場合に湧き上がります。

つまり、交渉中に怒りを感じている交渉者は、その感情がきっかけで目的達成を阻んでいる障害を取り除き、問題解決に向けて行動を起こしたことで、良い結果を得ることができたと考えられます。

とはいうものの、交渉中に怒りを露わにすることは、デメリットのほうが多いと言えます。怒りは生存に関わる重要なメッセージであるため、人は集団の中でも巧みに怒りの表情を識別できると言われています。つまり、人は怒りに対して敏感に反応する性質を持っているのです。

しかし、その結果として、怒りがさらなる怒りを呼び、対立が激化する可能性が高まります。さらに、長期的には相手との関係を損なう要因にもなってしまいます。

かといって、怒りを無理に抑えようとすることも高い認知的負担が求められ、その結果視野狭窄に陥り、目の前の交渉での情報収集の妨げになる可能性があるため、得策とは言えません。

大切なのは、怒りの感情が縄張りを侵された時や、自由が制限された時に起こる感情だということを認識しておくことです。

そうすることで怒りの感情が湧いている自分を客観視することができ、より冷静になることができます。

5 「孫子第3　謀攻篇」のポイント

「計篇」で、「戦争は国の存亡を左右しかねない大事であるため、みだりに行うべきものではない」と説き、これを大前提としながらも、やむを得ず戦わなければならない場合は、物資を現地で調達することで兵站にかかるコストをできるだけ少なくするのみならず、鹵獲した敵の兵器や捕虜も自軍の戦力として活用することで、「敵に勝ちて強を益す」ことを指向すべきと述べたのが「作戦篇」でした。

つまり、戦争をする場合、可能な限りそれにかかるコストや消耗を少なくしなければならないということです。同様の趣旨で、今度は交戦する場合においても、やはりできるだけ消耗の少ない勝ち方を指向しなければならないと説くのが「謀攻篇」になります。

したがって、最も優れているのは「戦わずして勝つ」ことであり、たとえ素晴らしい作戦を用いて戦ったとしても、武力によって相手を屈服させることは、それには及びません。百戦して無敗よりも戦わずして勝つことが最善なのです。そのためには、敵が意図していることを見抜き、未然にその行動を抑えることが理想なのです。

それが難しい場合は、あらかじめ相手の仲を引き裂く離間の計を用い、敵の同盟関係を崩壊させ弱体化させるべきです。武力による勝利はこれらの策に劣り、中でも避けるべきことは、攻撃側不利（一般に10倍の兵力が必要とされる）とされる城攻めを行うことです。戦力を消耗せずに戦果を上げることこそ、謀攻の基本原則なのです。

やむを得ず武力を用いて交戦しなければならない場合、自軍の戦力が敵軍の10倍であれば包囲し、5倍程度であれば力で圧倒して制圧します。

一般的に攻撃側は守備側の3倍の戦力が必要と言われているので（攻撃3倍の法則）、2倍程度の場合は、敵を分断させ各個撃破します。例えば、戦力比2：1の時、敵を二分することができれば、局地戦において戦力比4：1となり「攻撃3倍の法則」を上回ります。戦力が互角の場合は、守りを固めつつ計略を駆使し、敵の隙を突いて崩します。劣勢であれば、戦力を温存するため無用の交戦を避け、圧倒的に敵が優勢ならば戦ってはなりません。無謀な戦いを挑んだところで、捕虜となるのがせいぜいだからです。

派手な戦果を追い求めるより「戦わずして勝つ」ことを理想とすべきです。全体としては「拙速」の原則に従いつつも、局所的には臨機応変の判断が必要になる場合もあります。

これが可能であるには、君主との間に十分な信頼関係が築かれ、将帥に必要な権限が適切に委譲されていることが不可欠です。

『孫子』は、これとは真逆の、現場に悪影響を及ぼす君主の誤った行動として、次の3つ挙げることで、その重要性を強調しています。

(1) 戦場の状況を把握していないにもかかわらず、進むべきでないときに進軍を命じたり、退くべきでないときに退却を指示する。
(2) 軍の実情を理解していないのに、軍政に口出しをする。
(3) 軍の人事に不適切に介入し、指揮系統を乱す。

当然のことですが、勝利する軍というのは、右の逆で、次の5つの条件を備えている軍です。

(1) 戦うべきときと戦うべきでないときを正しく判断できる軍。
(2) 自軍の戦力を把握し、それに応じた作戦を立てられる軍。
(3) 指揮官と兵士の間で意思統一が図られ、一丸となって行動できる軍。
(4) 万全の準備を整え、不十分な準備の敵を迎え撃つ軍。
(5) 有能な将帥が指揮を執り、君主が不必要な干渉をしない軍。

このような「敵を知り、己を知る」軍は何度戦っても負けることはないのです（「彼を知り己を知れば、百戦して殆（あや）うからず」）。

6　「謀攻篇」の交渉への活かし方

「謀攻篇」を交渉にどう活かすか

それでは、「謀攻篇」を交渉にどう活かすかを見ていきましょう。本節で取り上げる「謀攻篇」の交渉への活かし方は次の通りです。

・戦わずして勝つ―３Ｄ交渉の「逆方向マッピング」
・強制と協調、同時期にあった２つのメディエーション
・レベルⅡ交渉

戦わずして勝つ―３Ｄ交渉の「逆方向マッピング」

「交渉の３次元（３Ｄ交渉）」で、セベニウスの「３Ｄ交渉」（23頁）についてお話ししました。

交渉で最終目的を達成するために立案される交渉戦略は、何も交渉の席（第１次元）に

限定されるものではなく、その交渉をより実りのあるものにするために再設計する（第2次元）、さらには最終目的を達成するという視点から、交渉範囲や交渉相手なども含めて再設定する（第3次元）といった、より大きな次元で捉えなければならない難しい交渉もあるというのが、セベニウスの主張です。

とりわけ第3次元から戦略を立案する効果的なツールとして、セベニウスは「逆方向マッピング」を紹介しています。

逆方向マッピングとは、最終目的の交渉から、現在の状況へ遡る図を描き、最終交渉で合意を取り付けるため、その前に誰と交渉しなければならないか、またその人の合意を取り付けるため、誰と交渉しなければならないかを辿り、それらを踏まえてどの順序で交渉するのが適正であるかを明らかにする手法です。

図表1は、「交渉の3次元（3D交渉）」（23頁）で取り上げたベトナム戦争停戦交渉で、国務長官キッシンジャーの頭の中にあったと思われる逆方向マッピングです。図を左から見ていきます。

ここでアメリカにとっての交渉の終点、つまり、達成したい交渉目的は、①アメリカ軍

【図表1　交渉の３次元（３Ｄ交渉）】

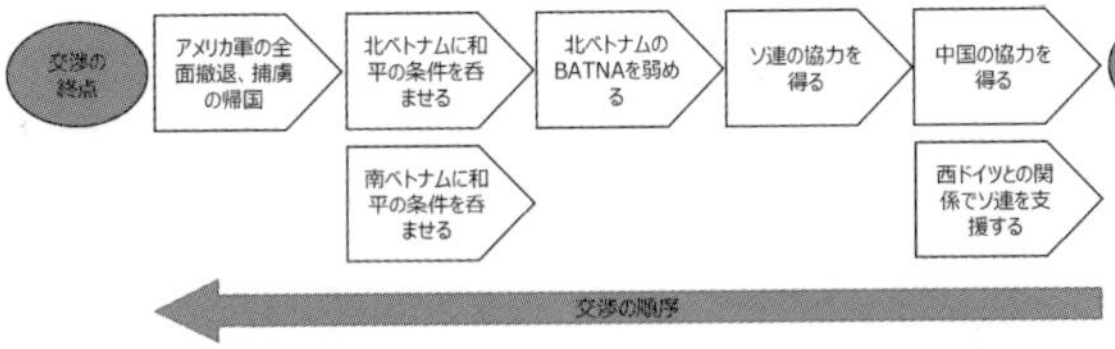

の全面撤退、②捕虜の帰国、③南ベトナムからの北ベトナム軍の撤退でした。しかし、ソ連と中国という2つの大国を後ろ盾にした北ベトナムには、アメリカと和平合意しなかった場合、戦争継続も辞さないという強い代替案がありました。

このような、交渉の合意に代わる選択肢として最善のものを交渉用語でBATNAと言いました（28頁の「「交渉の7要素交渉における七計」参照）。アメリカとしては、この北ベトナムのBATNAを弱めなければ、彼らにアメリカの条件を呑ませることができません。

そこでアメリカは、ソ連と中国との交渉に範囲を拡げます。どちらと先に交渉するのが望ましいかですが、米中接近がソ連に与える影響のほうが大きいと考え、まず中国と交渉することを考えます。

さらにソ連に「イエス」と言わせるため、米中接近ばかりでなく、アメリカに協力しなければ、「ようやく兆しが見え始めた米ソのデタント（緊張緩和）による経済支援を打ち切る、ただし協力すれば、ソ連が自国の経済立て直しのために重視していた『西独・ソ武力不行使条約』の西ドイツ政府の批准に力を貸す（本当はアメリカ不在でも西ドイツは批准したのですが）」という「飴と鞭」も用意しました。

こうして、交渉の起点は北ベトナムではなく中国となり、交渉順序は中国→ソ連→北ベトナム（南ベトナムが外されていたのはすでに述べた通りです）となりました。そして、当初圧倒的にアメリカに不利に見え、暗礁に乗り上げていた和平交渉は、いつの間にか北ベトナムがアメリカの条件を呑まざるを得ない状況になっていたのです。

戦争がアメリカの敗北に終わったことは周知の事実ですが、こと停戦交渉自体についてだけ言えば、アメリカは北ベトナムに対しまさに「戦わずして勝った」と言えるでしょう。

キッシンジャーや、「米中知的財産権交渉」（１１６頁）のシャーリーン・バーシェフスキーといった優れた交渉者たちは、異口同音に「交渉の席での交渉戦術より、交渉の前に自分に有利な状況や条件を整えおくことの方がよほど重要である」といった趣旨のことを述べています。

考えてみると、日本の組織では意思決定のスピードを速めるため、事前に関係者の了承を取り付ける、いわゆる「根回し」が慣習的に行われてきました。これなどは、狭い意味で「3D交渉」の「セットアップ」の1つと言えるのではないでしょうか？

強制と協調、同時期にあった2つのメディエーション

戦争において、圧倒的に戦力優勢であれば基本的にその戦力差で相手を屈服させることができます。同様に、交渉においても交渉のパワー（26頁の「交渉力の源泉ー交渉における五事」参照）が圧倒的に優勢であれば、話し合いなどせずとも相手に自分の意思を強制することができます。

グアテマラの和平交渉やアパルトヘイト下の南アフリカなど50か国以上で紛争解決の手助けをしてきた、世界的なメディエーター（調停者）のアダム・カヘンは、状況の変化を一方的に起こすことができるのであれば、強制も選択肢の1つであり、統合型交渉（カヘンは「従来型コラボレーション」と呼んでいます）ばかりが正解であるとは限らないと述べています。

状況の変化を一方的に起こすことはできないが、少なくともその変化をメディエーションによってコントロールできる場合は統合型交渉が適切な選択肢となります。

近年、交渉学でもメディエーション（調停）が注目されるようになりました。メディエーションとは、対立が激しく、交渉当事者同士では解決が難しい場合に、中立的第三者（メ

ディエーター）として両者の間に立ち、解決の手助けをすることを言います。

メディエーションの重要性が高まった背景として、広くは冷戦終結後、超大国のパワーが後退したことで、各地でゲリラ抗争や民族紛争など当事者同士による解決が難しい問題が激増したことが挙げられるでしょう。

また、私たちに身近なところでも最近は訴訟によらず調停での和解を目指すケースが増えてきました。後にお話しする、クリスティアナ・フィゲレスの事例（166頁の「クリスティアナ・フィゲレスの気候変動枠組条約締約国会議（COP）交渉」参照）も、彼女がメディエーターとしての役割を果たしていたと言えます。


こうした中、1990年代半ばに対照的な対応をした2人のメディエーターがいました。どちらもアメリカのクリントン政権から派遣されたメディエーターで、1人はリチャード・ホルブルック、もう1人はジョージ・ミッチェルです。

ホルブルックは1995年、ボスニア紛争を終わらせるため、アメリカやNATOの軍事力を背景に、時には空爆なども行いながら、わずか3か月でボスニア・ヘルツェゴヴィナ和平一般枠組み合意、「デイトン合意」にこぎつけました。彼のやり方は、カヘンの言葉を借りれば「強制」のアプローチと言えます。

一方、ミッチェルも1995年、北アイルランド紛争を終わらせるため派遣されました。ホルブルックと違い、ミッチェルは北アイルランド（プロテスタント）とアイルランド（カトリック）の中道派代表者を集め、和平交渉のアジェンダを作成するためだけに2年もの時間を費やしました。

その結果、17世紀初頭から激しく対立してきた両者は、この作業のためのコミュニケーションを通じて少しずつ信頼関係を築き、実際の交渉はわずか2週間で北アイルランド和平合意、「ベルファスト合意」へと至ったのです。

ミッチェルのアプローチは、カヘンの言う「協調」のアプローチだったと言えます。

同時期に同じクリントン政権から派遣された2人だったにもかかわらず、ここまでアプローチが対照的だったのは、クリントン政権にとって、ボスニア紛争と北アイルランド紛争に対する重みづけが全く異なっていたためです。

ボスニア紛争に関しては、アメリカは25000人のアメリカ軍とNATO軍の撤退のため、早期和平を望んでおり、ボルブルックを政治、軍事の両面から支援しました。

一方、北アイルランド紛争は基本的にイギリスの国内問題であり、ボスニアほど重視してはいませんでした。そのため、ミッチェルには交渉当事者に強制力を行使できるだけの権限が与えられていませんでした。

しかし、ミッチェルはイギリスとアイルランドの間に恒久的な和平実現の意思があることを汲み取っていました。そのため、2年の時間をかけ、400年以上も憎悪と暴力の中にいた両者の間に信頼関係を築かせるアプローチを採用したのです。ミッチェルのアプローチは、より見直されてよいのではないかと思います。

ちなみに、カヘンが協働での問題解決で示したその他のアプローチは、次の3つです。

①離脱…状況を変えられず、現状に耐えられないので協働から離脱する。

②適応…状況は変えられないが、現状で耐えられるので相手や状況に合わせる。

③ストレッチ・コラボレーション…状況を変えられるが、その変化を一方的に起こせず、かつコントロールもできないので、それを受け入れることに合意し、状況を打開するための創造のプロセスで協働する。

レベルⅡ交渉

将帥が戦場でその力を如何なく発揮するには、本国にいる君主が指揮を将帥に委ね、干渉しないことが重要であるということでした。

それ故、『孫子』は「計篇」で「もし私（孫武）の戦略を呉王（闔閭）が聴き入れ、私に軍を指揮させるのであれば、必ず勝利する。よって私は呉国に留まろう。もし私の戦略を呉王が聴き入れないのであれば、私が軍を指揮したとしても、必ず敗れる。よって私は呉を去るであろう」、また「九変篇」も「君主の命令であっても、戦場においては従ってはならない場合がある」といった趣旨のことを述べています。

交渉も同じで、交渉者に十分な権限が委譲されていなければ、満足のいく合意をすることができません。仮に合意したとしても、自組織でそれが却下される可能性があります。あまつさえ、組織内部の抗争という、交渉とは直接関係のない力学によって交渉が妨害されることさえあります。

第二次ポエニ戦争（前219年～前201年）で、ローマを崩壊寸前にまで追い込みながら敗れたカルタゴの名将ハンニバルは、「ハンニバルを打ち負かしたのはローマ人ではなくカルタゴ元老院の悪意と中傷だ」と嘆いたそうです。

また、第28代米大統領ウッドロー・ウィルソンは、第一次世界大戦後のパリ講和会議を主宰し、国際連盟創設を提唱しましたが、米上院は国際連盟加盟を批准しませんでした。

このように、組織での内部交渉は、交渉相手との外部交渉よりも難しいという学者もいるほどです。

交渉者が自分の利害関係者と内部交渉を行うことを「レベルⅡ交渉」と言います。

この用語は、ハーバード大学の政治学者ロバート・パットナムが唱えた「二段階ゲーム」という国際交渉の理論的枠組みに由来します。彼の概念に当てはめると、一般に交渉としてイメージされる、「外交交渉の席での」交渉を「レベルⅠ交渉」と言います。その対比で、「交渉の席の背後」にある国内での公式、非公式の交渉を「レベルⅡ交渉」と呼びます。ここでは、外交、国内政治という区別をせず、単純に交渉の席での交渉を「レベルⅠ交渉」と定義し、交渉の席の背後での内部的交渉を「レベルⅡ交渉」と呼びます。ただし、「内部」という言葉が指す対象はもう少し複雑になります。

例えば、複数の担当者が交渉チームを形成して行うような大規模な交渉の場合、そのチーム内でのレベルⅡ交渉も考えられるでしょう。また、交渉相手も自身の組織の内部交渉に苦労している可能性があります。

そこで、交渉者が相手の内部交渉を手助けすることで、自らの利害（関心）を満たすような質の高い合意を導くレベル

【図表2 レベルⅡ交渉】

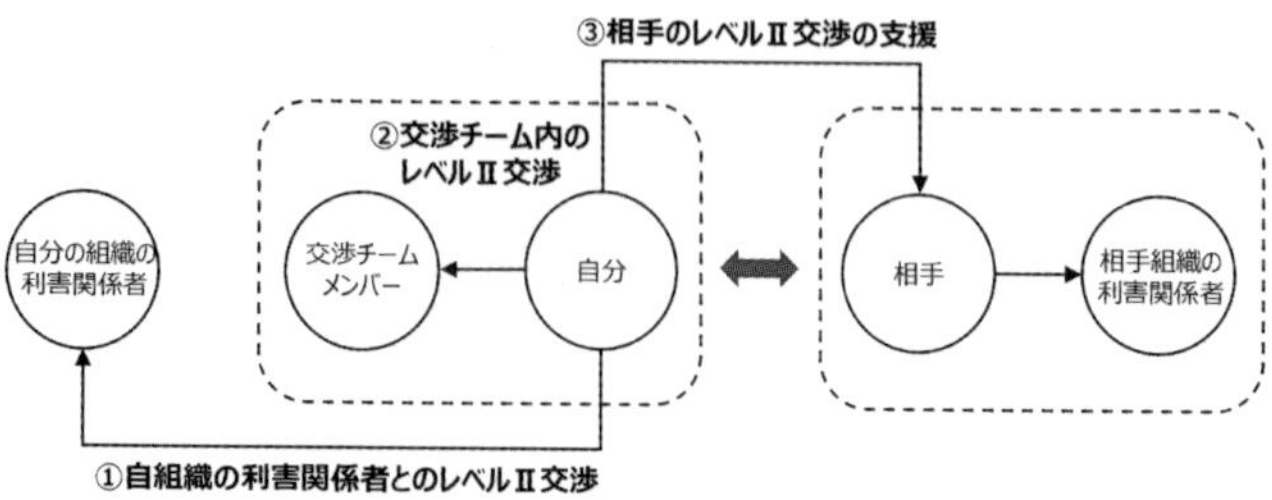

Ⅱ交渉もあります。まとめると、レベルⅡ交渉には図表2の3種類があることになります。

この3つ目の「相手の内部交渉の支援」について、「3D交渉」の提唱者であるセベニウスは、2014年の『ハーバード・ビジネススクール研究成果報告書』の中で、優れた交渉事例を紹介しています。

1990年のドイツ統一とNATO（北大西洋条約機構）加盟をめぐる交渉で、ソ連のミハエル・ゴルバチョフ大統領は、国内の強い反対に直面していました。交渉相手であった、アメリカのジョージ・ブッシュ大統領とジェームズ・ベイカー国務長官は、次のような形でゴルバチョフのレベルⅡ交渉を支援することで、交渉を合意に導きました。

(1)東西ドイツ統一という「西側の勝利」に際し、勝利を誇示する言動を控え、ゴルバチョフの立場を危うくしないよう配慮した。

(2)ソ連が交渉によって敗北感を抱かないよう、ソ連の利害（関心）に配慮し、ソ連国内向けの説明作成を支援した。

(3)ソ連側が国内向けに示す強硬な姿勢を、一時的なパフォーマンスとして冷静に受け止め、過剰に反応しなかった。

(4) NATOを軍事同盟から政治同盟へ転換させるための合意案をNATO内交渉でまとめ、ゴルバチョフらに提供することで、彼らが国内の反対派への説得材料として活用できるようにした。

【本章の参考文献】

- Linda Babcock, Sara Laschever（2009）”Ask For It: How Women Can Use the Power of Negotiation to Get What They Really Want” Bantam
- デービッド・A・ラックス　ジェームズ・K・セベニウス　(2007)『最新ハーバード流3D交渉術』CCCメディアハウス
- ジェームズ・K・セベニウス、R・ニコラス・バーンズ、ロバート・H・ムヌーキン（2019）『キッシンジャー超交渉術』日経BP
- ロイJ. レビスキー（2011）『交渉力最強のバイブル：人間力で成功するベストプラクティス』マグロウヒル・エデュケーション
- 野村美明（2012）『ハーバード型交渉法再考』　HYPERLINK “https://www.osipp.osaka-u.ac.jp/archives/DP/2012/DP2012J010.pdf” https://www.osipp.osaka-u.ac.jp/archives/DP/2012/DP2012J010.pdf

●アリソン・ウッド・ブルックス（2016）『喜怒哀楽の巧みな表現を力に変える　交渉を有利に運ぶ６つの感情の見せ方』ダイヤモンド・ハーバードビジネスレビュー

●ポー・ブロンソン、アシュリー・メリーマン（2014）『競争の科学─賢く戦い、結果を出す』実務教育出版

●ジェームズK・セベニウス（2004）『イエスから逆算する交渉術　３Dネゴシエーション』ダイヤモンド・ハーバードビジネスレビュー

●"Adam Kahane"　Wkipedia https://nl.wikipedia.org/wiki/Adam_Kahane

●アダム・カヘン（2018）『敵とのコラボレーション――賛同できない人、好きではない人、信頼できない人と協働する方法』英治出版

●Daniel Curran, James K. Sebenius, Michael Watkins (2004) "Two Paths to Peace: Contrasting George Mitchell in Northern Ireland with Richard Holbrooke in Bosnia–Herzegovina" Negotiation Journal

・栗田伸子、佐藤育子（2009）『通商国家カルタゴ（興亡の世界史）』　講談社

・ジーンM.ブレット、レイ・フリードマン、クリスティン・バーファー（2012）『たいていの敗因は身内にある 交渉はチーム力で制す』ダイヤモンド・ハーバードビジネスレビュー

・James K. Sebenius（2014）"Better Deals Through Level II Strategies: Advance Your Interests by Helping to Solve Their Internal Problems"　Harvard Business School Working Paper 14-091

コラム：何をもって「交渉の成功」とするのか？

第1章の「交渉の3次元（3D）」交渉で、キッシンジャーの「ベトナム戦争停戦交渉」の事例を紹介しました。この交渉は確かに長く続いたベトナム戦争を停戦へと導き、アメリカ自体は米軍撤退を完了させて目的を達成したのですが、よく知られている通り、あっという間に停戦合意は破られ、わずか2年後、南ベトナムは北ベトナムに併合されてしまいました。

このように、時間の経過で見ると、果たして彼の交渉は成功だった、優れた交渉だったと言えるのか？　という疑問が湧いてきます。読者の中にもそのように思われた方がいらっしゃるかもしれません。

実際、交渉の何をもって「成功」とするのかは難しい問題です。交渉時点での目標達成ばかりでなく、将来にわたる影響も含めて評価するという考え方もできるでしょう。

しかしながら、意思決定論で「決定と結果の区別」と言われるように、よい決定をしても結果がよいとは限らず、逆に結果が悪かったからといって、決定までが悪かったとも言い切れません。

本書ではこのような観点に立って、二人の交渉の合意に導くまでのプロセスを評価し、成功事例として取り上げています。

第2章

「孫子の兵法」から学ぶ
「互角の場合の戦略」と交渉への活かし方

「計篇」から「謀攻篇」までは、戦争という行為を起こす場合の原則、いわば『孫子』の兵法を貫く基本思想について述べていました。「形篇」から「火攻篇」までは、いよいよ戦場における戦略論・戦術論に入っていきます。

「形篇」と「勢篇」は、戦略論①で、戦力互角の場合の戦略について述べています。力で圧倒する強者の戦略と異なり、「不敗の態勢（形）」から生じる敵の隙（虚）を突くことで、攻撃（実）のエネルギーを最大化し（勢）、早期決着を図るのが基本戦略となります。

1 「孫子第4 形篇」のポイント

「謀攻篇」で、「戦力が互角の場合は、守りを固め」とありましたが、「形篇」では攻撃に先立つ防御の重要性を説いています。これは「『孫子第3 謀攻篇』のポイント」（40頁）で取り上げた「攻撃3倍の法則」が示す通り、攻撃側は防御側に対して3倍の戦力が必要とされる、言い換えれば防御するほうが有利なためです。防御側が有利なのは、城や陣地といった防御施設や地形などを利用することができることによります。

19世紀、プロイセンの軍略家カール・フォン・クラウゼヴィッツも防御について、「（攻撃よりも）敵をより容易に撃破するための戦争のより強力な方式である」、そして「防御によって勝利が得られると、相対戦闘力が通常は有利になるので、戦争の自然な経過も、防御で始まって攻撃で終わることが多い」と述べています。

古より、戦上手な者はまず自軍の防御を固め、敵が勝つことのできない不敗の態勢を築いた上で、自軍が勝利を収めるのに適した時機を待ちました。敵が自軍に勝てない要因は自軍の態勢にあり、自軍が敵に勝てる要因は敵の態勢にあります。つまり、自軍が負けない態勢を整えることは可能ですが、必ずしも敵が敗北する態勢をとらせることができるとは限りません。したがって、将帥が最優先で行うべきことは、まず敵に勝つ前に「敵が自軍に勝てない態勢を築くこと」なのです。

戦争の目的は敵に勝つことです。ゆえに戦上手な者はまず防御の態勢を整え、敵を消耗させ、相対的に自軍を優位にし、時機を見計らって攻撃に転じました。それまでは、自軍の意図や行動を敵に悟られないよう慎重に隠しつつ、逆に敵を徹底的に観察しました。こうすることで自軍を温存し、最終的に勝利を収めたのです。

このように、優れた将帥は、勝って当たり前のような自然な勝ち方をします。華々しい劇的な勝利は人々の賞賛を集めるかもしれませんが、将兵の命を預かる将帥の資質として褒められたものではありません。

真の戦上手は予測を外すことがありません。何故なら、すでに敗れている敵を破っているからです。必勝の軍は、戦う前に勝算があって戦いを始めるものなのです。これとは逆に、必敗の軍は戦いを始めてから慌てて勝算を見出そうとします。

戦上手は、これまで述べてきた戦の道理をわきまえ、次の5つの評価基準をもとに、自軍と敵軍の戦力や戦場の状況を的確に把握します。

すなわち、①戦場の地形をどのように利用できるかを判断する、②（①から）兵器や兵糧などの物量を見積もる、③（②から）必要な戦力の規模を見積もる、④これらを総合して、自軍と敵軍の戦力差を分析する、⑤（④から）勝算を見積もるのです。

こうしてまず不敗の態勢をとり、予め勝算を測った軍が、一度敵の間隙を突き攻撃に転ずる様は、あたかもダムの水を放水するがごときものです。この巨大な力こそ次篇の「勢」であり、その勢を生み出す源が本篇で述べる「形」なのです。

２　「形篇」の交渉への活かし方

「形篇」を交渉にどう活かすか

「形篇」の本質は、戦争にあたっては、相手を攻撃するよりもまず「負けない態勢」をつくり、交戦する前にすでに勝敗の決着が着いてしまっているよう、準備を怠らないことにありました。その意味では、「交渉の３次元（３Ｄ交渉）」（23頁）や「戦わずして勝つ－３Ｄ交渉の『逆方向マッピング』」（43頁）で取り上げた「３Ｄ交渉」は、これと同じ戦略的概念です。

しかし、「３Ｄ交渉」についてはすでに取り上げたので、本節では、「戦う前に勝算を測る」を交渉に活かし、「互いが疲弊するような奪い合いではなく、双方にとってよりよい成果を生み出す」、すなわち「統合型交渉」（35頁の「Win-Win の結果を目指す、統合型交渉」参照）を取り上げます。

- ジョコ・ウィドドの露天商移転交渉
- 統合型交渉の基本プロセス
- 交渉の準備の重要性

ジョコ・ウィドドの露天商移転交渉

インドネシア前大統領、ジョコ・ウィドドがスラカルタ市長を務めていた時代（2005年〜2011年）、彼は市の独立記念塔広場で違法営業していた露天商たちと交渉し、市が用意した新たな市場（ノトハルジョ市場）へ平和裏に移転させることに成功しました。

当時、インドネシア各地の都市では、同じように独立記念塔広場で違法に営業する多くの露天商の存在が、市民の憩いの場であるべき広場を不潔で不快な場所に変えているとして大きな問題となっていました。

露天商たちは違法営業であるため、大抵の場合、地元警察が強制排除に乗り出し、しばしば衝突が起こっていました。

例えば、首都ジャカルタ北部、タンジュンプリオクでは、2010年4月の警察と露天商の衝突が暴動に発展し、130人もの負傷者が出ました。

しかし、ウィドドはこうした強制排除とは異なるアプローチを採り、露天商たちを市長公邸に呼んで、彼らと7か月にわたり、54回もの食事会を行いました（食事が交渉に及ぼす影響については、169頁の「交渉の場が及ぼす影響」参照）。彼は、初めの30回の会合を露天商たちに質問したり、彼らが直面している問題に注意深く耳を傾けることに費やしました。

露天商を広場から排除したい市政府と、立ち退きたくない露天商とでは、一見共通する利害が全くないように思われましたが、話し合いの過程で、市をよりよくしたいという点で、両者は一致していることがわかりました。また、この前半の会合で、露天商たちに次のような不安があることもわかりました。

(1)　新市場はアクセスが困難である。

(2)　移転により常連客を失ってしまう。

(3)　①、②から、収入が減る。

後半の31回から53回までの会合は、課題を克服し、双方にとってWin-Winとなるような解決策の創造に焦点が当てられました。そして最終的に、ウィドドは次のような提案を行いました。

①　インフラの整備

・新市場へアクセスする道路の拡張工事と、公共交通機関を整備する。

・新市場で使う屋台、テーブル、椅子、カートといった販売設備は、市政府が無償で提供する。

② 賃貸料の徴収

・市は、1日当たり2500ルピアを徴収する（露天商にとって無理がなく、新市場での設備費用を7、8年で償還できる額）。

③ 新市場の宣伝

・既存顧客を失うことによる収入減少分については、市は補償を行わない。

・その代わり、市は地元テレビや新聞媒体などを通じて、4か月間新市場の宣伝を行う。

④ 法的保護

・露天商が商売をする権利を法律で保護する。

⑤ 負のイメージの払拭

・露天商の移転をこれまでの強制排除という暴力的イメージではなく、伝統的なお祭りの行列のようなイベントとして演出する。

まず、①と③により、前述の露天商の不安が解消されます。②は、①の移転に伴う初期投資を露天商に無理なく償却させる政策です。そして何より、④と⑤は、今まで違法営業者として蔑まれ、排除の対象だった露天商を「人間らしく扱う」ということにつながりました。これにより、露天商たちは交渉に合意し、自ら新市場へ移っていったのです。

この交渉の結果、露天商たちは新市場に移転したことで、収入が４倍〜10倍に増えたと言われています。また、市政府も独立記念塔広場の秩序を回復したばかりでなく、露天商が合法化されたことにより、税を徴収することができるようになりました。

ウィドドは当初より露天商には地域経済を活性化する可能性があると見ており、実際に市の歳入は２００７年の78億ルピアから２０１１年には１９２億ルピアへと増加したのです。

統合型交渉の意思決定プロセス

統合型交渉でWin-Winの結果を生み出すにあたり、交渉者の頭の中、交渉チーム内でのディスカッション、あるいは交渉相手との交渉過程を通じて行われる思考と意思決定は、基本的に図表３のようなプロセスで進みます。

「交渉の７要素―交渉における七計」（28頁）で取り上げた「交渉の７要素」は、このプロセスでよりよい結果を生み出すために検討すべき事項だと考えてよいでしょう。

「問題」とは、実際の交渉で直接議論される事柄のことを言います。それは

【図表３　統合型交渉の意思決定プロセス】

問題の明確化
利害（関心）の明確化
選択肢の明確化
選択肢の評価・選択

現状と実現したい結果とのギャップであり、交渉によって解決すべき課題です。
先の露天商移転の例で言えば、実現したい結果が「独立記念塔広場の秩序を取り戻すこと」であり、現状は「違法な露天商が独立記念塔広場の秩序を乱している」、両者のギャップは「露天商を新市場に移転させること」となります。
この問題に対して、双方の交渉者がとる要求や提案を「立場」と言います。先の例で、市政府の立場は「露天商に新市場へ移転して欲しい」、露天商の立場は「現状を維持したい（移転したくない）」となります。

「利害（関心）」とは、立場の背後にある、交渉を通じて実現したい目的や満たしたいニーズのことを言います。先の例で、市政府の利害（関心）は「独立記念塔広場を再び憩いの場として欲しいという市民の要望に応えること」であり、露天商の利害（関心）は「収入を減らしたくない」となるでしょう。

多くの交渉では、双方の交渉者が立場に拘るために平行線を辿ったり、どちらかが一方的に譲歩したりといった結果になりがちです。先の例では、「市政府の要求を受け入れないのであれば、警察によって強制排除する」と言ったようにです。

それに対し、露天商の側は「強制排除するというなら、暴動を起こして抵抗する」と応酬するでしょう。このような交渉は、結果として双方にとって不幸な結果を生み出しがちです。

したがって、統合型交渉では、「立場ではなく利害（関心）に目を向けよ」といったことが言われます。相手がとる立場の本当の理由がわかれば、そこに解決策を生み出す余地が生まれるからです。

この相手の利害（関心）を探るために必要なのが、ウィドドがとったような質問であり、相手の話を判断や評価を加えずに聴く「積極的傾聴」（２００頁の「リーダーシップを高める質問力」参照）です。

ウィドドは、この利害（関心）を探るためだけに会合の約半数を費やし、露天商の利害（関心）が、①新市場はアクセスが困難である、②移転により常連客を失ってしまう、③①、②から、収入が減る、であることを突き止めました。また、相手だけでなく自分の利害（関心）をハッキリさせておくことも重要です。

市政府の利害（関心）は、「独立記念塔広場を再び憩いの場として欲しいという市民の要望に応えること」であったのですが、ウィドドはそれ以上に、「露天商の潜在力を活用し、市経済を活性化させる」ことも考えていました。

「選択肢」とは、あらゆる合意の可能性のことを言います。選択肢は、双方の利害（関心）を満たすものをできるだけ多く考えます。それだけ新たな価値が創造される余地が生まれるからです。

先の例では、「露天商を法的に認め、人間らしく扱った」ことが、彼らが交渉に合意し、自主的に新市場へ移転する引き金となりました。

価値とは、税収や売上といった目に見えるものばかりとは限りません。商売をすることによって市民から感謝されること、社会の一員として認められることといった目に見えない価値が重要な役割を果たすこともあるのです。

できるだけ多くの選択肢を創造するには、判断や批判を保留し、発想に集中することが重要です。この創造性開発の代表的技法に、アレックス・オズボーンによって考案された「ブレインストーミング」があります。ちなみに、デューク大学のラルフ・キーニーは、ブレインストーミングについても問題の背後にある利害（関心）に焦点を当てることで、創造的な発想が生まれやすくなることを明らかにしています。

ウィドドも後半の会合でブレインストーミングを行いました。そして数ある選択肢を評価・選択した結果、前述の、①インフラの整備、②賃貸料の徴収、③新市場の宣伝、④法的保護、⑤負のイメージの払拭から成る合意案が生まれたのです。

交渉の準備の重要性

「形篇」で「必勝の軍は、戦う前に勝算があって戦いを始め、必敗の軍は戦いを始めてから慌てて勝算を見出そうする」とあったように、またジョコ・ウィドドの露天商移転交渉の例からもわかるように、交渉においても事前の準備は非常に大切です。

準備もせずに交渉に臨めば、場当たり的な結果になってしまいがちだからです。

一般に、交渉プロセスは図表4のような「事前交渉」、「準備」、「交渉」の3つのフェーズがあると考えられており、準備フェーズは、さらに「情報収集」→「分析」→「計画立案」というプロセスを辿ります。

情報収集については「第5章　『孫子の兵法』

【図表4　交渉プロセス】

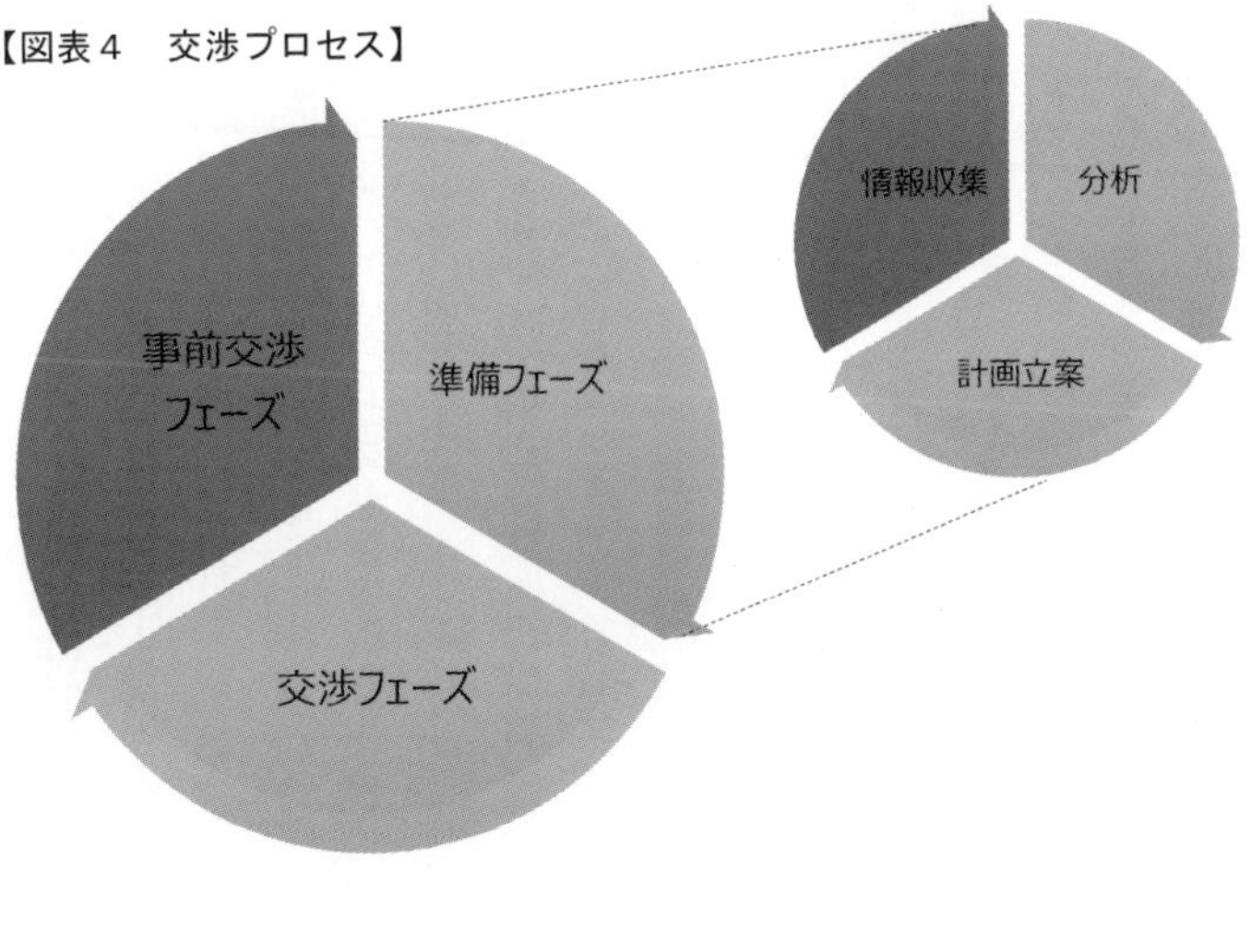

から学ぶ『情報』と交渉への活かし方」で述べますが、分析と計画立案はまさに前節で述べた内容がその一例になります。注意したいのは、図表4は便宜的に準備フェーズのみに「情報収集」→「分析」→「計画立案」のプロセスが紐づいているように描かれていますが、現実の交渉では、交渉前だけでなく交渉中でも、また交渉の現場だけでなく、現場から離れた場においても、「情報収集」→「分析」→「計画立案」のプロセスが含まれるという点です。

現実の交渉では、合意に至るまで、「情報収集」→「分析」→「計画立案」のプロセスが常にサイクルとしていると考えてください。

3 「孫子第5 勢篇」のポイント

「勢篇」は、「形篇」で防御、すなわち不敗の態勢を固め、勝算を測った軍が、敵の中に生じた隙（虚）を突き、攻撃（実）を以て制する段階について述べています。

大軍を小軍のように統率できるのは、組織や編成がしっかり整っているからであり、軍を自在に動かして戦わせることができるのは、指揮命令が機能しているからです。つまり、軍の「形」が整っていることが、その根本にあるのです。

全軍が敵のあらゆる攻撃を受けても適切に対処し、敗れることがないのは、不敗の態勢（正）を確立し、攻撃に転じた際には必勝の態勢（奇）を活かすことができるからです。攻撃を仕掛けた際に確実に勝利を収めることができるのは、敵の「実」を避け、「虚」を突く、あるいは敵の「実」を「虚」に変化させて攻撃するからです。

また、正と奇とは、正攻法と奇計のことでもあります。正攻法の中に奇計を組み合わせることで、敵の意表を突き勝利を収めます。例えば、野球で直球と変化球を投げる投手がいたとして、それぞれの球種はいずれも「正」です。

しかし、打者に直球なのに変化球だと思わせ、変化球なのに直球だと思わせたとすれば、それは「奇」です。そのような場合、打者は「虚」を突かれるので、討ち取れる確率が高くなります。

球種だけでなく、球速、ゾーン、カウントの状況、走者の有無、打順、回など様々な正を組み合わせることにより、無限の奇が生じます。奇は正があることによって生き、奇によって敵に虚が生じます。その虚を見逃さず攻撃に転じれば、敵にぶつける攻撃のエネルギーが最大化します。このエネルギーを「勢」と言います。

ボクシングでも、「貰うと分かっているパンチには耐えられるが、不意を食らってもらったパンチには、いとも簡単に倒れてしまう」といったことが言われますが、それは「虚」を突かれたからです。

逆に、こちらに隙（虚）があるように見せかけて敵を誘い出し、油断して生じた敵の虚を突く場合もあります。これらを可能とするものが、自軍の「形」です。

そのような「勢」を生み出す条件を整えることこそ、将帥の重要な役割です。戦上手な者は、勢を生み出せる適切な人材を任命し、任命された者は、まるで巨石や大木を山の上から転がり落とすかのような勢いを生み出すため、内部的・外部的条件を整えます。

すなわち、勢いを生むために丸い巨石や大木を選ぶように、軍の内部環境や組織の状態を整えます。また、勢いを生む傾斜が急で高い地形を選定するように、戦場の状況や外部環境を整えます。

つまり、戦上手は、部下を巧みに活用し、内部と外部の条件を適切に組み合わせることで、圧倒的な勢いを生み出し、勝利へと導くのです。

4 「勢篇」の交渉への活かし方

「勢篇」を交渉にどう活かすか

それでは、「勢篇」を交渉にどう活かすかを見ていきましょう。本節で取り上げる「勢篇」の交渉への活かし方は次の通りです。

・交渉における「勢い」とは
・分配型交渉の戦術
・偽りの協力戦術
・交渉のタイミング

交渉における「勢い」とは

『孫子』は戦争における勢い（勢）の重要性を説いています。では、交渉における勢いとは何でしょう？　交渉も開始から合意まで順調に進むとは限りません。交渉には波があり、暗礁に乗り上げたり、停滞する時期もあります。

とりわけ、複雑で長期にわたる交渉の場合はそうです。しかし、一見袋小路にはまっていたり、何も進展がないと思われる状況の中に、突如として交渉が動き出す局面がありま す。

元ハーバード大学のマイケル・ワトキンスは、そのような複雑で難しい交渉を打破する交渉者を「ブレイクスルー・ネゴシエーター」と呼び、彼らの行動原則の1つに、「合意に向け勢いをつける」ことを挙げています。

そして、ブレイクスルー・ネゴシエーターが合意に向け勢いをつける戦略を組み立てる要素として、次の7つがあると述べています。

① 交渉プロセスを構造化する

ブレイクスルー・ネゴシエーターは、交渉が始まる前に交渉の形を自分に有利に整え、交渉の途中でもその構造を変える努力をします。「交渉の3次元（3D交渉）」（23頁）で述べた「3D交渉」を実践する交渉者と言えます。

② 学習プロセスを構築する

ブレイクスルー・ネゴシエーターは、交渉において、情報量の多さが有利に働くこと、そして「交渉の準備の重要性」（69頁）で述べた準備の重要性を理解しており、交渉前だけでなく交渉中、さらには交渉の現場でも、現場から離れた場においても、「情報収集」→「分析」→「計画立案」の学習サイクルを確立し、繰り返します。

相手よりも情報をより多く持っていれば、交渉は有利に働きます。例えば、売り手が骨董品の価値を知っていて買い手が知らなければ、交渉は売り手が有利ということになるでしょう。

逆に、交渉で自分の持っている情報が少ないと不確実性が高まるため、相手の出方に対して過剰に防衛的になったり、攻撃的になったりし、報復の応酬という悪循環を生む恐れがあります。

③ 交渉テーブルと、テーブルから離れて行動を調整する

これも「３Ｄ交渉」そのものです。「交渉テーブルでの行動調整」とは、３Ｄ交渉の第１次元（交渉戦術）を指し、「交渉テーブルを離れての行動調整」とは、第２次元（交渉設計）のことを指しています。

④ 交渉の形式を見つける

ブレイクスルー・ネゴシエーターは、問題が何かを定義し、自分にとって効果的な交渉のやり方を特定することで、交渉に対する相手の認識を自分に有利な方向に誘導します。

例えば、相手の時間に対する認識や、リスクに対する態度、合意後の将来に対する予測などを知ることで、新たな交渉課題が追加され、統合型交渉の余地が生まれるかもしれません。

あるいは、交渉が行き詰まっている場合、難しい課題を保留し、合意できる課題から取り組むよう議題提案し、交渉を前進させるという方法もあります。

⑤ 自分の立場の基礎を築く

交渉者がとる要求や提案を「立場」と言いました。その立場の根拠をハッキリさせ、それに基づいて譲歩のパターンを計画します。したがって、その譲歩にも説得力のある理由があります。

⑥ 流れを導く

ブレイクスルー・ネゴシエーターは、相手が避けられない外部環境などを巧みに操作し、相手が自ら決断せざるを得ない状況をつくり出します。例えば、「交渉の3次元（3D交渉）」（23頁）で述べたベトナム戦争停戦交渉において、北ベトナムはパリ郊外の別荘を2年間借り切り、長期戦の構えを見せることで、交渉の序盤を有利に進めました。これはアメリカの時間に対する知覚に影響を及ぼし、譲歩を引き出すための戦略でした。

逆に、「レベルⅡ交渉」（51頁）で述べた、ドイツ統一とNATO加盟を巡る米ソ交渉では、アメリカがゴルバチョフのソ連国内でのレベルⅡ交渉を支援することで、交渉を合意に導きました。

また、UNFCCC事務局長のクリスティアナ・フィゲレスは、従来各国政府の代表だけで行われていた気候変動枠組条約締約国会議（COP）に、非政府系利害関係者を巻き込むことで交渉に勢いをつけ、画期的なパリ協定を導きました（１６０頁の「クリスティアナ・フィゲレスの気候変動枠組条約締約国会議（COP）交渉」参照）。

⑦　勢いをつけるための順序づけをする

「戦わずして勝つ―３Ｄ交渉の『逆方向マッピング』」（43頁）で述べた３Ｄ交渉の「逆方向マッピング」はまさに、目標の合意に向け、関係する複数の交渉者の誰から順に交渉するのが最も効果的かを論理的に考えるための方法でした。

これは３Ｄ交渉の第３次元（セットアップ）について述べたものですが、逆方向マッピングは第2次元の交渉設計（どの課題から取り組むのが最も効果的か）、第1次元の交渉戦術（相手にどのようなアプローチからするのが最も効果的か）でも適用することができます。

以上を総合すると、ブレイクスルー・ネゴシエーターとは、３Ｄネゴシエーターと言い換えることもできそうです。ブレイクスルー・ネゴシエーターは、これら7つの要素を駆使して無数の正奇の組み合わせを生み出し、行き詰まった交渉が動き出す瞬間を捉え、合意に向けた勢いをつくり出すのです。

分配型交渉の戦術

一方の得が一方の損になるような、価値の奪い合い、勝ち負けの交渉を「分配型交渉」と言いました。実は、Win-Win の統合型交渉にも分配型の要素が含まれます。というのも、協力した結果、生み出された価値をどう「分配するか」という問題が残っているからです。

したがって、大抵の交渉には分配型の性質があり、多かれ少なかれ、そこには「かけ引き」の要素が含まれています。

ここでは特に、交渉の現場における正奇の組み合わせの例として、分配型交渉で用いられる代表的な戦術を取り上げます。

これらの戦術は、特に準備が不十分な相手に対して有効だと言われていますが、一方で交渉が敵対的になる、相手から報復を受ける、自分の評判が下がるなどといった、裏目に出るリスクがあることも承知しておく必要があります。

とはいえ、相手がこのような戦術を使ってくる可能性も大いにありますので、戦術とその機能について知っておくことは重要です。

① 立場固定戦術（take-it-or-leave-it）

自分の主張に固執し、譲らず、相手に譲歩を求める戦術です。交渉の初期段階から相手

に これ以上譲れない案を要求したり、相手に提案の根拠を説明させることなどもこの戦術に含まれます。ＧＥの元副社長、レムエル・ボールウェアは、賃金交渉で自分が公平だと思う最初の提示価格に固執し、滅多に譲歩しませんでした。このような態度を彼の名前をとって「ブルワリズム（ボールウェア戦略）」と言います。

② 極端な要求（Highball/Lowball）

到底受け入れ難い、途方もなく高い、あるいは低い要求をすることです。極端な要求をすることで、相手が自分の提案を見直し、留保点に自ら近づけることを狙った戦術です。

この戦術のもう１つの利点は、極端な要求をした側がより合理的な譲歩をすると、相対的に柔軟に見えるという点です（これは次の「ドア・イン・ザ・フェイス」と同じ効果です）。

一方、相手が話にならないと判断した場合、交渉が打ち切りになってしまうリスクもあります。

③ ドア・イン・ザ・フェイス（Door in the Face）

相手が断る可能性の高い過大な要求を最初に行うことで、２番目の要求を受け入れやすくする戦術です。これは、受けた行為に対して何らかのお返しをしようという、「返報性」と呼ばれる心理に働きかけたテクニックです。つまり、「一度拒否したのに申し訳ないな…」という気持ちを相手に起こさせ、それを利用するのです。

④ 善玉悪玉戦術（Good Guy/Bad Guy）

刑事ドラマの取り調べシーンなどでよく見られる、２人組の一方（悪玉役）が極端あるいは不合理な要求をし、もう一方（善玉役）がより妥当な要求をします。善玉は相対的に親しみやすく、合理的で理解してくれているように感じられるので、相手が協力しやすくなるのです。

しかし、この戦術は思ったより難しく、見抜かれると逆効果になる恐れもあります。

⑤ フット・イン・ザ・ドア（Foot in the Door）

ドア・イン・ザ・フェイスとは反対に、最初に小さな要求をのませ、その後次第に要求を大きくしていく戦術です。

これは、自身の行動、発言、態度、信念などに一貫性を持たせたいという、「一貫性」と呼ばれる心理に働きかけるテニックです。

人が無意識に一貫性に固執するのは、態度に一貫性のあることが、社会で他者から高い評価を受けると考えられているためです。次の「かじり戦術」も一貫性の心理を利用したものです。

⑥ かじり戦術（Nibble）

かじり戦術は、交渉を早く終わらせたいという相手の心理を利用し、交渉成立の直前にそれまで取り上げられなかった比較的小さな譲歩を求めることです。例えば、高額の自動車を契約する段になって、相対的に安いオプションをすすめるというように。しかし、この戦術は相手に不誠実だと感じさせるリスクもあります。

⑦　おとり戦術（Bogey）

あまり重要でない、もしくは全く重要でないことをさも重要であるかのように偽る戦術です。そうすることで、それと引き換えに本当に重要なことで大幅な譲歩を引き出します。「ショッピングリスト戦術」とも言います。

ただし、この戦術に失敗すると、重要でない物事を受け入れざるを得なくなる可能性が生じます。

⑧　口車戦術（Snow Job）

相手がどの情報が重要で、どの情報が単に気を逸らすためのものであるか、判断しかねるほど多くの情報を並べて圧倒します。

専門外の人に対して、専門用語を駆使して故意に複雑な話をするというのもこの戦術の一例です。

聞いている側には非常に高い認知負荷がかかるため、早く交渉を終わらせて面倒なことから解放されたいという心理から、無抵抗に合意してしまうことがあるのです。

⑨　時間のプレッシャー（Deadlines）

相手の決定に一方的に期限を設ける戦術です。つまり、時間を使って圧力をかけるのです。期限は実際のものでも恣意的なものでも構いません。

前節で述べたように、北ベトナムがパリ郊外の別荘を2年間借り切ったのも、アメリカに時間のプレッシャー戦術とかけることで交渉を有利に進めるためでした。

偽りの協力戦術

「Win-Win の結果を目指す、統合型交渉」（35頁）で述べたように、お互いに協力し合って Win-Win の結果を指向する交渉を統合型交渉と言いました。しかし、ひょっとすると相手は、協力するように見せかけて、巧みに自分に有利な合意へと誘導しようとしているかもしれません。

セベニウスは著書“Manager As Negotiator”の中で、相手がそのような偽りの協力戦術を用いている可能性のあるパターンをいくつか挙げ、その対処法について述べています。

①　偽りの協力戦術のパターン

1つ目は、反対しにくいような価値観、例えば「民主主義」、「自由」、「人権」といった「原則」から交渉をスタートし、その過程で自分にとって都合のよいルールを当てはめようとする戦術です。

例えば、通商交渉において、「自由貿易」の原則の下に交渉の席に着かせ、それを大義名分として「例外なき関税撤廃」という相手国にとっては不利だが自国にとって有利なルールを適用させようとするようなことです。

「交渉力の源泉―交渉における五事」（26頁）で述べた、交渉力の源泉の「正当性」を前面に押し出した戦術であると言えるでしょう。

２つ目は、仮に本当に協力してWin-Winの合意案を生み出したとしても、本当は相手にとってより利益の大きい解決策があることを知っていながら、相手がそれ気づく前に最終合意してしまおうとする戦術です。例えばセールスで、客が商品の不備や他店のもっと安い価格に気づく前にクロージングを急ごうとすることなどがこれにあたります。

３つ目は、協力のプロセスの中で育んだ信頼関係を利用し、自分にとって非常に望ましい解決策のみが、あたかも受入可能な唯一の解決策であるかのように誘導する戦術です。

４つ目は、前節で述べた「かじり戦術」です。かじり戦術は分配型交渉の戦術として説明しましたが、統合型交渉であっても価値創造の後にそれをいかに分配するかという分配の問題が残るということを忘れてはなりません。

5つ目は、「不安定な合意」、簡単に言うと「空手形」です。合意した内容から早々に利益を得、その他のことについてはうやむやにしようという戦術です。

例えば、北朝鮮が拉致被害者再調査の見返りに経済制裁解除を要求するといったことがこれにあたります。先に経済的見返りを手にし、再調査の方はうやむやにしてしまうのです。これを防ぐには、合意の安定化を図る措置を予め講じることです。

アメリカのレーガン元大統領は、ソ連との核戦力全廃条約の調印式でロシアの諺を引用し、「信ぜよ、されど確認せよ（Trust but verify）」と述べ、米ソ双方の条約の遵守を強調しました。

② 偽りの協力戦術への対抗戦術

こうした偽りの協力戦術を見抜くのは容易ではないかもしれませんが、このようなパターンがあり得るということを認識しておくことは重要です。セベニウスは、これらの戦術に対する対抗戦術についても述べています。

これらの対抗戦術は絶対のものではありませんが、相手に正直な行動を促す誘因として機能することが期待できます。

1つの例が、「コンティンジェンシー契約」です。コンティンジェンシー契約とは、簡単に言えば成功報酬契約のことを言います。

例えばベンチャー企業を売ろうとしている売り手が、その企業の翌年の収益性について絶対の自信を主張している場合、万が一業績が悪かったときの支払額の減額をあらかじめ契約に盛り込んでおくといったようなことです。

これにより、売り手には価値を誇張するインセンティブがなくなり、正直な開示を引き出しやすくなります。

また、コンティンジェンシー契約は、対抗策としてだけでなく統合型の合意を得るための手段として捉えることもできます。統合型交渉の条件の1つは、お互いの利益や優先事項に相違があるという点です。

前記の例で、ベンチャー企業を売ろうとしている売り手は将来の収益性に楽観的な見通しを持っていますが、買い手が悲観的な見通しを持っているため、買収価格に折り合いがつかないというような場合、この価格差を埋めるため、現時点で買い手が悲観的な見積もりの買収価格を支払い、その後の業績に応じて追加支払いをすると取り決めるのです。こうすることで、売り手と買い手双方に合意を魅力的なものとすることができます。

ただし、セベニウスは、一般原則として、彼我の間に「情報の非対称性（情報格差があること）」がある場合については、コンティンジェンシー契約は避けたほうがよいと述べています。

もう1つは、「おとり戦術（bait and switch）」です。"bait"は「餌」で、"switch"は「鞭打つこと」という意味です。前節の"Bogey"も「おとり戦術」と訳されているのでややこしいのですが、ここでは相手が"Bogey"を仕掛けてきた場合、すなわち、相手が自分にとって最も実現したい項目を隠し、他の項目があたかも重要であるかのように振る舞うことで、最終的に本当に重要な項目を勝ち取ろうとしていると疑われる場合、本命でない項目の重要性に対して言質を取ることにより、逆にその項目で大幅な譲歩をするように見せかけ、相手の本命で大幅な譲歩を求める戦術を言います。

この場合、もし相手が正直であれば、相手にとっても利得は大きいはずです。したがって、この戦術も相手に正直な開示を促す効果が期待できます。

交渉のタイミング

「勢篇」では、奇正の組み合わせによって敵に生じた隙（虚）を逃さず突くタイミングが勢を生むと述べていましたが、交渉でもいつ交渉するか、というタイミングは重要です。

例えば、妻が子供と大喧嘩している最中に、夫がお小遣いの値上げ交渉を持ちかけたら、恐らく一蹴されるでしょう。

ある行動の効果を最大にするタイミングを掴み、最適な方法を選択する「タイミングマネジメント®」を提唱しておられる坂本敦子氏は、価値観とビジョンを軸として、タイミングを見極めるのに必要な次の３つの能力を挙げています。

①　状況観察力
②　予測・判断力
③　方法選択力

軸である「価値観とビジョン」は、「統合型交渉の意思決定プロセス」（65頁）で述べた、「問題の明確化」と「利害（関心）の明確化」にあたります。自分が問題をどのように認識していて、利害（関心）が何かが明らかであるからこそ、どのタイミングが適切か、状況を適切に観察することが可能になるのです。

2つ目の予測・判断力は、そのタイミングで行動した場合、あるいは行動しなかった場合のリスクと利益を見極めることです。これはある時点で交渉する、しないの判断であるとも言えます。

そして3つ目の方法選択力とは、「どうやって交渉するか」についての戦略を立案し、実行する力のことです。

簡単に言えば、交渉すべきタイミングとは、自分の交渉力が高いときや、相手がこちらの提案を最も受け入れる用意があるときのことです。

例えば、自社の商品が影響力のあるメディアで紹介された直後は、その商品を売り込むタイミングだと言えるでしょう。新車購入を検討しているときに、ディーラーの販売担当が決算月でノルマ達成に死に物狂いになっていることが予想されるなら、そのときは価格交渉のよいタイミングでしょう。

自分だけでなく、タイミングが相手にとってよいかも考える必要があります。例えば、先ほど挙げたお小遣い値上げ交渉が失敗するのは、妻の状況を考慮せずタイミングを見誤ったからです。

とは言え、最適のタイミングを図ろうとするあまり、好機を逸してしまうというのも問題です。完璧なタイミングというのは気づくのが難しく、そのようなタイミングが訪れる保証もありません。先延ばししたために、状況が変わってしまうかもしれません。

例えば、新型コロナウィルスの流行でマスクが不足し、価格が高騰したことがありました。需給調整が済めば価格が下がることは容易に予想できたはずですが、実際には、多くの業者がそのタイミングを見誤り、結果として大量のマスクが二束三文で投げ売りされる結果となりました。

交渉のタイミングは、「『用間篇』を交渉にどう活かすか」（２２８頁）で述べる、「交渉の準備をどこまでするか？」という問題とも関わってきます。情報収集や精緻な交渉計画の立案に時間をかけすぎるあまり、タイミングを逸するということも起こり得ます。「戦いて勝ち攻めて得るも、其の功を修めざる者は凶なり」（火攻篇）とあるように、いくら立派な計画や戦略を立案しても、タイミングを逸して交渉目的を達成できなければ元も子もないのです。

【本章の参考文献】

• カールフォン クラウゼヴィッツ（2001）『戦争論 レクラム版』芙蓉書房出版

- Anggraeni Permatasari,Utomo Sarjono Putro,Shimaditya Nuraeni (2014) "Strategic Analysis Relocating Street Vendor through 3D Negotiation Case Study: Street Vendor Surakarta, Indonesia" Procedia - Social and Behavioral Sciences
- Michael D. Watkins, Sydney Rosen (2001) "Rethinking 'Preparation' in Negotiation"　Harvard Business School Publishing
- Michael Watkins (2001) "Breakthrough International Negotiation" John Wiley & Sons
- D.Lax, J.Sebenius (1987) "Manager As Negotiator" Free Press
- ジェームズ・K・セベニウス（2004）『イエスから逆算する交渉術　３Ｄネゴシエーション』ダイヤモンド・ハーバードビジネスレビュー
- マーガレット.アン・ニール、トーマス.ゼット・リース（2017）『スタンフォード＆ノースウエスタン大学教授の交渉戦略教室 あなたが望む以上の成果が得られる！』　講談社
- Howard Raiffa、John Richardson、David Metcalfe（2002）"Negotiation Analysis: The Science and Art of Collaborative Decision Making"　Belknap Press
- 坂本敦子（2011）『忙しい忙しいと言うわりに成果の出ないあなたのためのタイミング仕事術』日経 BP
- Linda Babcock, Sara Laschever（2009）"Ask For It: How Women Can Use the Power of Negotiation to Get What They Really Want" Bantam

第3章

「孫子の兵法」から学ぶ
「劣勢の場合の戦略」と交渉への活かし方

「形篇」、「勢篇」は、「謀攻篇」の「戦力が互角の場合は、守りを固め」を受け、戦力互角の場合の基本戦略について論じていました。しかしながら、戦争は常に戦力優勢あるいは互角の状況ばかりであるとは限りません。同じく「謀攻篇」で、「劣勢であれば、戦力を温存するため無用の交戦を避け、圧倒的に敵が優勢なら戦わない」とありました。

「虚実篇」から「九地篇」までは戦略論②で、その交戦を避けるべき弱者が、戦わざるを得ない場合の「弱者の戦略」について述べており、「行軍篇」、「地形篇」を戦術論として挿入しています。

1 「孫子第6 虚実篇」のポイント

初めに「虚実篇」は、弱者の戦略の基本原則を説きます。

気をつけたいのは、「弱者の戦略」だからと言って、必ずしも戦力劣勢の場合だけに用いる戦略ではないということです。弱者の戦略を戦力互角、あるいは優勢にある者が用いれば、なおのこと有利になるのは言を俟ちません。

戦争において、敵より先に決戦場に到着し、態勢を整えて待ち受ける者は、余裕をもって戦いに臨むことができます。一方で、敵より遅れて決戦場に到着し、慌てて戦う者は、敵に主導権を握られ、不利な状況に追い込まれることになります。

つまり、戦上手とは、主導権を握って敵を操りつつも、自らは操られない者をいうのです。

敵をこちらの意図通りに動かすことができるのは、利益を提示して誘い出すからです。逆に、敵の行動を封じ、自分の思い通りに動けなくさせるのは、敵にとって有害な状況をつくり出し、行動を阻止するからです。これが可能なのは、敵が必ずそのように動かざるを得ない状況を巧みにつくり出し、その隙を突いているからなのです。

このようにして、「勢篇」の言う「敵の実を避け、その虚を撃つ、あるいは敵の実を虚に変じさせ、それを撃つ」状況をつくり出します。

自軍を損わず敵地深く進攻できるのは、敵が動こうにも動けない状況を巧みに作り出しているからです。また、攻めて必ず攻略できるのは、敵が予想もしない守りの薄い地点を的確に突いているからです。

逆に、守れば必ず防ぎきれるのは、敵が攻めたくても攻められない状況をつくり出しているからです。戦上手は状況に応じ変幻自在で予測不能なので、敵はどこをどう守ればよいのか、逆にどこをどう攻めればよいのか判断できません。まるで、形があるようで、実際にはつかみどころがないもののようです。

中国南北朝時代につくられた、処世術に役立つ様々な兵法における戦術を分類した『兵法三十六計』に、「空城計」という計があります。わざと城門を開き、何か計略があると思わせ、敵の判断を狂わせる戦術のことです。

「三方ヶ原の戦い（1573年）」で武田信玄に敗れた徳川家康は、浜松城に逃げ帰ると大手門を開かせ、城の内外にかがり火を焚かせました。

『孫子』の「軍争篇」から引用した「風林火山」を旗印としているように、兵法に通じた信玄はこれを「空城計」と見破っていましたが、優れた軍略家だったがゆえに逆に警戒し、城への突入をさせませんでした。信玄の裏の裏をかいた家康、まさに「兵は詭道なり」です。

このように、優れた将帥は、敵の形（態勢や意図）を明らかにしつつ、自軍の形は敵に悟らせないようにします。その結果、自軍が攻めるべき一点に戦力を集中できるのに対し、敵はあらゆる可能性を想定し、戦力を分散せざるを得なくなります。

こうして、勝敗を決する重要な局面において自軍が優勢となり、たとえ全体の戦力が劣勢であっても勝利を収めることができるのです。一方で、敵はどこが勝敗を決する局面なのか把握できず、決定的な場面で劣勢に立たされることになります。

このように、敵を思い通りに操り、決戦すべき「地」と「時」を正確に予測できるならば、たとえ敵が遠く離れていたとしても、決戦に持ち込み、打ち破るべきです。逆に、それらが見極められなければ、自軍の戦力が優勢であっても、それを恃みにできるとは限りません。

勝利とは巧みな戦略で獲得すべきものであり、特に劣勢の側にとっては、前述のような局所集中戦略を用いて勝ち取るべきものなのです。これを的確に実行できるなら、たとえ敵が多勢であっても、必ずしも戦いを避けなければならないわけではありません。

このような局所的な優勢を生み出すには、①敵の動きや戦略を把握し、どのような状況にあるのかを正確に分析する、②①に基づき収集した情報をもとに、敵の意図や行動パターンを読み解く、③②に基づき敵を自軍に有利な方向へ誘導し、決戦すべき時を見極める、④③に基づき実際に敵を動かしてみることで、その陣形や防御の強弱を把握します。

自軍の態勢の理想は「無形」となること、つまり、こちらの意図を敵に悟らせないよう隠すことです。形がなければ、敵のスパイでさえ自軍の意図を察知することができず、有能な軍師であっても適切な対策を立てることはできません。一方で、自軍は無形でありながら、敵の態勢や意図を的確に把握し、それに応じて兵力を適切に配置します。

とはいえ、兵士たちは、自軍がなぜ勝利を収めたのか、その真の理由を知ることはできません。彼らは、勝利につながった陣形や状況を目の当たりにすることはできますが、その背後にある戦略や意図までは分からないのです。

状況に応じた変化は無限に存在し、同じものはありません。そのため、一度得た成功体験を他の事象にそのまま当てはめることはできず、勝利の要因も常に異なるのです。

変わらないのは、敵の実を避けて虚を撃つという原則だけです。軍は、敵の態勢や意図に応じて勝利を決めるのであって、（こうすれば勝つという）予め決まった戦略や態勢があるわけではないのです。森羅万象は変化するのが常であり、変化こそ不変の真理なのです。

2　「虚実篇」の交渉への活かし方

「虚実篇」を交渉にどう活かすか

それでは、「虚実篇」を交渉にどう活かすかを見ていきましょう。本節で取り上げる「虚実篇」の交渉への活かし方は次の通りです。

・交渉の主導権を握る
・アンカリング
・譲歩の原則
・情報収集と意思決定のプロセス

交渉の主導権を握る

「虚実篇」の本質は、「戦いの主導権を握ること」であり、そのためにどうすべきかの基本原則が展開されます。交渉においても、主導権を握ることは非常に大切です。「交渉の３次元（３Ｄ交渉）」（23頁）で取り上げた「３Ｄ交渉」の第3次元「セットアップ」は、まさに交渉の主導権を握ることが目的であるといってもよいでしょう。

ハーバード大学のディパック・マルホトラは、交渉で主導権を握る次の4つのポイントを挙げています。

① 交渉を始める前に、交渉プロセスを交渉する

交渉の出席者、最終決定権者、議題、合意までに必要な時間など、交渉プロセスに関わる事項に双方認識の違いがないかを確認することで、交渉が意図せざる方向に進むことを防ぎます。例えば、「分配型交渉の戦術」（78頁）で挙げた以外の分配型交渉の戦術の1つに「多層防御戦術（Defense in Depth）」というものがあります。

これは、担当者から課長、部長、役員というように決定権者を多層に設け、各段階に譲歩案が送られる度に「あと少し譲歩していただければ承認されると思うのですが」と、相手にさらなる譲歩を迫る戦術です。

この戦術は、事前に最終決定権者が誰なのかを確認しておくことで防ぐことができます。

② 交渉プロセスの「普通の状態」を確認する

交渉は必ずしも順調に進むとは限らないため、あらかじめ予想される困難や上手くいかない可能性について話しておきます。

人間には、自分の視点で相手の心理を測ったり（自己中心性バイアス）、相手に対して

よくない感情を抱くと、相手の言動が悪意によるものだと思ってしまったり（敵意帰属バイアス）といった様々なバイアスがあり、交渉で困難な問題が生じると、過度にネガティブに受け取ってしまい、対立がエスカレートすることがあります。

これを未然に防止し、信頼関係を築くのが目的です。同様に、相手からもあらかじめ予想される困難や上手くいかない可能性について話してもらいます。

③　交渉環境を図式化する

目の前の交渉相手だけでなく、交渉に影響を与える当事者や、交渉結果の影響を受ける関係者もできる限り特定し、図式化することが重要です。「３Ｄ交渉」を提唱するセベニウスは、これを「全当事者相関図」と呼んでいます。

例えば、図表５は「交渉の３次元（３Ｄ交渉）」（23頁）で述べた、キッシンジャーが関わった、ベトナム戦争停戦交渉初期の全当事者相関図（推定）です。

全当事者相関図を元に、当事者の利害（関心）、制約事項、選択肢、考え方などを検討していきます。それにより、交渉相手の最大の利害（関心）や優先順位、そして「戦わずして勝つ―３Ｄ交渉の『逆方向マッピング』」（43頁）で取り上げた、「逆方向マッピング」も用いることで、当事者の誰から、あるいはどの課題から交渉すれば最も効果的かなどが

【図表５　全当事者相関図】

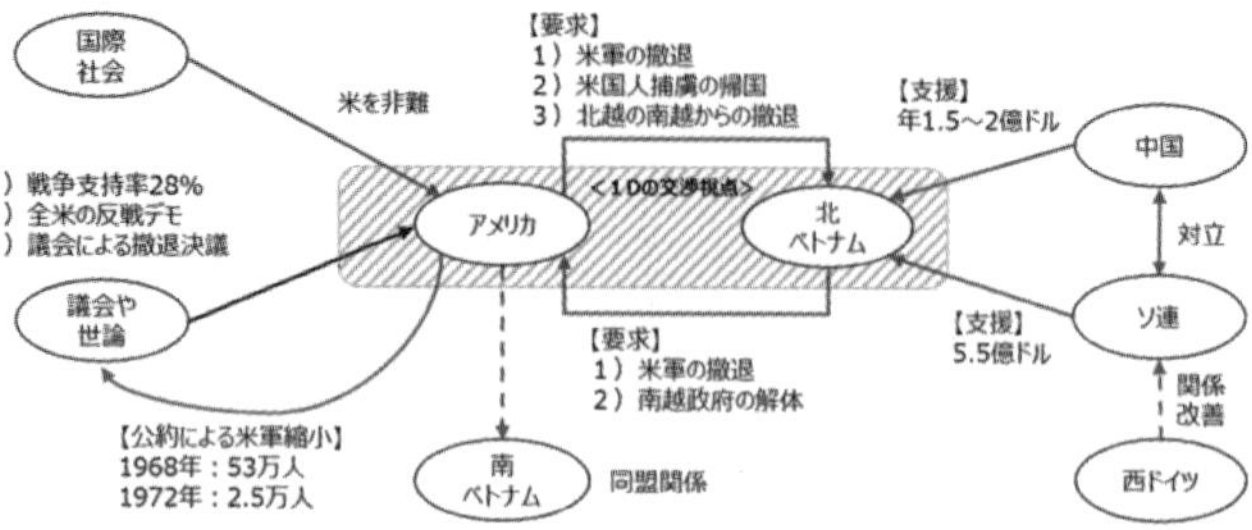

参考：ジェームズ・K・セベニウス、R・ニコラス・バーンズ、ロバート・H・ムヌーキン
『キッシンジャー超交渉術』（日経 BP）より、筆者改。

見えてくるようになります。

そうなれば、より価値の高い合意に至るための戦略の組み立てが容易になるでしょう。

④ 交渉の「枠組み」をコントロールする

交渉当事者が交渉をどのように認識しているか（枠付けしているか）は、交渉の結果に影響を及ぼします。例えば、相手との交渉を1回きりのもので、関係も重要でないと認識していれば、今回の交渉で最大の利益を得ることを目的に、分配型交渉をするかもしれません。

一方、この交渉が終わった後も、相手との関係が長く続き、良好な関係から長期的なスパンで利益を得ることが大事だと認識していれば、多少今回の交渉で得られる短期的利益を犠牲にしても長期的利益を最大化するよう、良好な信頼関係構築を優先、あるいは統合型となるように交渉するかもしれません。

このような、交渉に対する相手の認識を自分に有利な方向に変えるよう誘導することを「フレーミング（枠付け効果）」と言います。

例えば、交渉学の祖とも言われる、20世紀初頭の経営学者メアリー・フォレットの「ハーバード大学の図書館の窓」という有名なたとえ話があります。

ある日、ハーバードの図書館の狭い一室で、ある人は窓を開けたいようで、私は閉めたいと思っていました。私たちは誰もいない隣の部屋の窓を開けることにしました。これは妥協ではありません、どちらの欲求も削っていないからです。私たちはそれぞれが本当に望んでいたものを手に入れました。私は密室にいたかったのではなく、北風が直接自分に当たるのが嫌だったのです。その人もその窓を開けたかったのではなく、部屋に空気を入れたかっただけだったのです。

これは統合型交渉を説明する例としてしばしば取り上げられますが、「立場ではなく利害（関心）に目を向ける」こと自体が、フレーミングになります。この話におけるフォレットと相手の立場と利害（関心）は、次のようなものと考えられます。

〈立場〉

フォレット：窓を閉めたい

ある人：窓を開けたい

〈利害（関心）〉

フォレット：北風に直接当たりたくない

ある人：部屋に空気を入れたい

この時、交渉の目的を「窓を開けるか、閉めるか」とフレーミングすれば、交渉は分配型となり、どちらかが我慢するか、フォレットが妥協して隣の部屋に移るかといった結果になったことでしょう。

しかし、もし「風に当たることなく部屋に新鮮な空気を入れるには？」とフレーミングしたとすれば、上の逸話のように「隣の部屋の窓を開ける」という、統合型の結果となる余地が生まれるのです。

言い換えれば、交渉をフレーミングした方が結果に影響を及ぼす、すなわち交渉の主導権を握ることになるのです。

アンカリング

交渉学でしばしば議論されることの1つに、例えば価格交渉で「こちらが最初に価格を提示すべきか、相手に先にさせるべきか？」というものがあります。結論から言うと、これは状況によって異なるため一概には言えません。

しかし、実験室での模擬交渉による結果では「こちらが最初に価格を提示したほうが有利であることが多い」とされており、その根拠の1つとされるのが、「アンカリング（係留効果）」と呼ばれる心理効果です。

アンカリングとは、「物事を判断する際に、情報の一部に過度にとらわれることで、判断を誤りやすくなる心理現象」のことを言います。

例えば、筆者が若い頃、インドに行ったときの話です。あまりの強い日差しに閉口して、土産物屋で簡易型のターバンを買おうと思いました。値段を聞くと１０００円だと言います。インドでは外国人相手に高値をふっかけることがよくあると知っていたので、交渉して５００円にまけてもらいました。

我ながらよい交渉をしたと思い、その話を連れのインド人にしたところ、彼は鼻で笑い、私をすぐ近くの露店に案内しました。そこでは、同じターバンが何と３００円で売られていたのです。

つまり、私は「１０００円」という価格にアンカリングされ、その価格を起点に交渉し、まけてもらった気になっていたという訳です。

このアンカリングの効果のために、「先に価格を提示した方が（交渉の主導権を握ることができるので）有利」と言われているのです。

なお、アンカリングをかける際には、①提示した価格の根拠を示す、②価格を端数にする、とより説得力が増すと言われています。②はその方が安く見えたり、根拠のある数字であるかのように感じられたりするためです。このような心理効果を「端数効果」と言います。

譲歩の原則

「もう1つの孫子」と言われる『孫臏兵法』を著し、『孫子』の著者孫武の子孫ともされる中国戦国時代の斉国の孫臏（そんぴん）が、魏国の将軍龐涓（ほうけん）と戦った「馬陵の戦い（前３４２年）」に、次のようなエピソードがあります。

孫臏は龐涓を誘い出すため、わざと退却するふりをしました。その際、斉軍の陣の竈（かまど）の数を日ごとに減らしていきました。初日は前日の半分、翌日はさらにその半分と減少させることで、追撃していた魏軍の龐涓に「斉軍は恐れて脱走兵が続出している」と思わせるよう仕向けたのです。これを勝機と考えた龐涓は、歩兵を残し、少数の精鋭騎兵のみで追撃を速めました。孫臏は少数となった魏軍を馬陵の隘路に誘い込み、伏兵を使って龐涓を討ち取ったのです。

「虚実篇」の言う、「こちらの意図を悟られないよう隠し（「無形」になり）、敵の実を避け虚を撃つ」という点では、「分配型交渉の戦術」（78頁）で取り上げた、「おとり戦術（bogey）」、「ショッピングリスト戦術」はその1つだと言えるでしょう。さらに、価格交渉における譲歩の原則もそのような戦術の1つです。

「交渉の留保点を巡るかけ引き」（29頁）で取り上げた価格交渉を例に、譲歩の原則を見ていきましょう。

【図表6 価格譲歩の例】

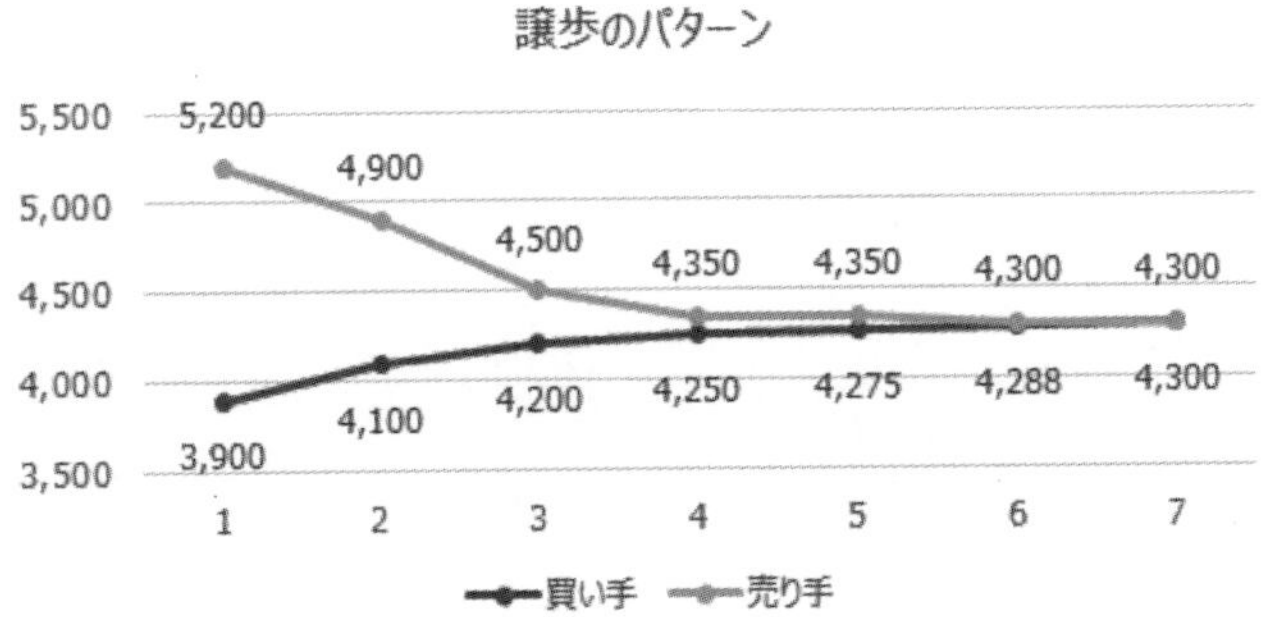

売り手と買い手が交渉を行い、互いに譲歩を重ね4300円で合意したとします。図表6はその過程における譲歩のパターンを描いたものです（上の折れ線が売り手、下の折れ線が買い手）。

この交渉で、売り手と買い手のどちらの方が譲歩の仕方として優れていると言えるでしょうか？

正解は買い手の方です。まず、売り手は5200円、買い手は3900円を提示しました。この最初に提示した値をそれぞれの「出発点」と言います。すると、売り手は買い手との出発点の開きが大きいことに動揺したのか、最初の譲歩で大幅に価格を下げています。さらに2回目の譲歩で、4900円と4100円の差額の中間をとって妥結するつもりだったのかもしれませんが、1回目を上回る大幅な値下げをしてしまいました。これでは、「自分の留保点はまだまだ下である（譲歩の余地がある）」というシグナルを買い手に発しているようなものです。

一方、買い手は少しずつ譲歩し、かつ次第に譲歩幅を狭めています。さらに、最後の方は4275円、4288円と端数で提示をしています。

少しずつ譲歩するのは、前節で述べた「端数効果」と、譲歩幅を次第に狭めていくことで、相手にこちらが留保点に近づいている、もはや譲歩の余地はそう残っていないと思わせるためです（実際はそうでなくても）。

冒頭の「馬陵の戦い（前３４２年）」の竈を減らすエピソードと似ていないでしょうか？

まとめると、

① いきなり大幅な譲歩しない
② 譲歩は少しずつ、幅は次第に狭く
③ 数字は端数で

と言うのが、譲歩の原則になります。

ただし、「虚実篇」が強調しているように、譲歩の原則もあくまで原則であって、何がよいかは交渉状況次第であることは、頭に入れておく必要があります。

情報収集と意思決定のプロセス

「虚実篇」では、局所優勢を生み出すための手順として、

① 敵の動きや戦略を把握し、どのような状況にあるのかを正確に分析する
② ①に基づき収集した情報をもとに、敵の意図や行動パターンを読み解く
③ ②に基づき敵を自軍に有利な方向へ誘導し、決戦すべき時を見極める

④　③に基づき実際に敵を動かしてみることで、その陣形や防御の強弱を把握する

と述べていました。これを交渉に当てはめるとすれば、「統合型交渉の意思決定プロセス」（65頁）がこれに当たります。

すなわち、①彼我の間に横たわっている問題を明確にし、②彼我の利害（関心）を明確にし、相手が合意に向け動く動機を知る、③②に基づき、できれば相手とのブレインストーミングなどを通じて、付加価値のあるできるだけ多くの選択肢を生み出す、④交渉を通じて選択肢を評価し、選択（合意）する、ということです。

その際、②利害（関心）の明確化のためには、情報収集と分析が必要です。厳密に言えば、情報の収集と分析は交渉の意思決定プロセス全体に関わってくるのですが、これを「統合型交渉の意思決定プロセス」（65頁）の図表　に当てはめると、図表　のようになります。

【図表7　情報の収集・分析】

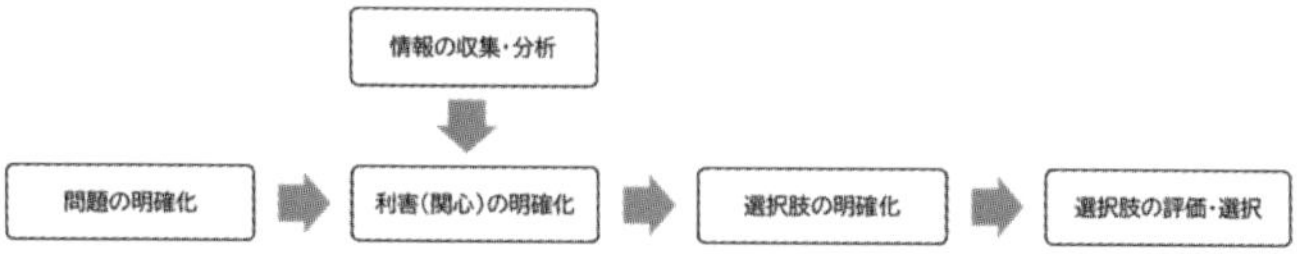

『孫子』は、戦争における情報の重要性を認識しており、そのためにスパイを用いることの重要性を説く「用間篇」を設けているほどです。

言うまでもなく、交渉においても情報は極めて重要ですが、交渉学において情報収集・分析に特化した研究は、筆者の知る限りではありません。それらは、「インテリジェンス分析」または「インテリジェンス研究」と呼ばれる、諜報活動に関する分野で研究されているようです。

強いて言えば、交渉理論のベースの1つである「意思決定論」が、インテリジェンス分析に近いと言えます。情報収集については、「第５章　『孫子の兵法』から学ぶ『情報』と交渉への活かし方」で改めて取り上げます。

3　「孫子第7　軍争篇」のポイント

「虚実篇」で説かれた弱者の戦略の基本原則は、「正と奇を自在に組み合わせ、こちらの態勢や意図を隠し（無形）つつ、それによって生じた敵の虚を突く」ことでした。それを可能とするような状況をいかにつくり出すかを述べたのが「軍争篇」です。

「虚実篇」で、「戦争において、敵より先に決戦場に到着し、態勢を整えて待ち受ける者は、余裕をもって戦いに臨むことができる」とありました。つまり、先に決戦場において有利な位置（争地）を占めることが大切だということですが、これは言うほど簡単ではありません。特に戦力劣勢の場合はそうです。

例えば、有利な位置を確保しようと全軍を率いて強行軍を行えば、重い輜重（しちょう：戦地で必要な糧食・衣類・武器などの軍需品）によって移動速度が低下し、敵に後れを取る可能性があります。

一方で、身軽になるために輜重を捨ててしまえば、それらが敵に奪われる危険があるだけでなく、決戦の場で装備や兵糧が不足し、自滅する恐れがあります。

さらに、強行軍を続けると隊列が伸び、先を行く部隊と遅れる部隊の間に距離が生じ、全軍の戦力が分散し弱体化してしまうのです。

「譲歩の原則」（１０４頁）で、「馬陵の戦い（前３４２年）」の話をしました。その戦いにおいて、斉軍の竈の跡が日ごとに減っているのを見て「斉軍は恐れて脱走兵が続出している」と判断した魏の龐涓は、今こそ追撃の機会と見て、移動速度の速い軽装騎兵のみを率いて斉軍を追撃しました。

一方、孫臏は魏軍が追いつくと思われる地点に軍を埋伏させると、兵に十分な休養をとらせました。そして予定通り追いついてきた魏軍を逆に包囲したのです。

魏軍は軽装騎兵のみで戦力が減少していた上、長い追撃で疲れきっていました。そこへ思わぬ斉軍の包囲に遭い壊滅的な打撃を受けたのでした。

ではどうすればよいのでしょうか？　その答えは、「急がば回れ」。一見遠回り（迂回）しているようで、結果的には最短距離（直）を行くことです。

言い換えれば、敵の「愛するところを奪う」、すなわち敵にとって重要なものを奪い去ってしまうことで、敵軍に有利な状況から自軍に有利な状況へ戦場の設定そのものを変えてしまう、そのために回り道をし（様々な手段を講じ）、結果として新たに設定された決戦場では自軍に有利な状況になっているようにするのです。これを「迂直の計」と言います。

例えば、『兵法三十六計』に、「囲魏救趙（いぎきゅうちょう）」という計があります。これは前述の「馬陵の戦い（前３４２年）」に先立つ孫臏と龐涓の対決、「桂陵の戦い（前３５４年）」が元になっています。魏とその北の趙が戦った際、趙は魏軍に都を包囲されてしまいました。趙は斉に援軍を求め、斉は田忌と孫臏に趙を救援させました。しかし孫臏は、直接趙の都邯鄲を救援するのではなく、逆に手薄な魏の都大梁を攻めました。そして、慌てて引き返して来た魏軍を桂陵の地で大破し、趙を救ったのです

「迂直の計」は、迂回して敵の目をくらますため、第三国の地を通らなければならない、「九地篇」で述べる「衢地（くち）」（151頁）を通らなければならない場合があります。したがって、この計を成功させるには、普段から誰が味方、中立、敵かを把握し、周辺諸侯の意図を正確に理解していなければ、自軍に有利な外交を展開することはできません。また、地理的条件を知らなければ、適切な行軍の指揮ができません。たとえ地理的条件を理解していたとしても、現地に精通した案内人を活用できなければ、その地の利を十分に活かすことができません。つまり、日ごろの準備が重要なのです。

その上で、いかにして「迂直の計」を成功させるかですが、「計篇」で「戦争とは腹の探り合い、だまし合いである」と述べている通り、有利と判断すれば即座に行動し、不利なら軍の分散・集合で敵に隙（虚）を生じさせるよう揺さぶります。

敵の不意を突くためには、軍を変幻自在に動かす能力が不可欠です。つまり、素早く行

動すべきときは、疾風のごとく動き、敵に察知されないよう行軍するときは、林のように静かでなければなりません。
　争地（１４９頁）を奪取するときは、烈火のごとく迷わず突撃し、動くべきでないときは、山のように揺るぎなく構えるべきです（これが、武田信玄の旗印として有名な「風林火山」の原典です）。こちらの態勢や意図を暗闇のように隠し、敵の不意を突く際には、稲妻のように一撃で決定的な打撃を加えます。
　このように、敵と対峙するときは、本当の狙いを悟られないようにし、「孫子第６　虚実篇」（94頁）で述べたように、敵が分散せざるを得ない状況をつくり出すことが重要です。その結果、戦域が拡大することで局所優勢を生み出し、それ見極めて、一気に勝機を掴むのです。

　そのために、適切な伝達手段で指揮命令を統一し、将兵が常に同じ方向を目指すようにすることが重要です。そうすることで、功名心や蛮勇に駆られて独断で行動する者を防ぎ、恐怖に負けて勝手に逃げ出す者を出さないようにすることができます。

　逆に、敵軍全体の士気が高く、意思統一が図られている場合には、その結束を崩すことが重要です。兵士であれば戦意を喪失させ、将帥であれば心を揺さぶり、乱します。人の気力というものは、初めは旺盛でも、時間が経つにつれて次第に鈍り、やがて萎えていくものです。

ゆえに戦上手は、敵の士気が最も高いときを避け、油断していたり、気力が萎えているときを狙うのです。これこそ、気を制することのできる将帥です。

自軍の秩序を整え、敵将が隙を見せたり、乱れる機会を冷静に待ちます。これが心理制することのできる将帥です。

決戦場で遠方からの敵を待ち、自軍は休ませ、敵が疲れるのを待ちます。自軍の糧食を確保し、敵が飢えるのを待ちます。これこそ、力を制することのできる将帥です。例えば、前述の「馬陵の戦い（前３４２年）」で、孫臏は兵に十分な休養をとらせ、長い強行軍で疲れ切った龐涓軍を撃破しました。

この箇所から生まれたのが、『兵法三十六計』における「以逸待労（いいつたいろう）」の計です。①自分に有利になるまで冷静に待つ、②先んじて有利な立場を確保し、主導権を握って戦う、③敵に攻撃させ、消耗や隙を作らせ、そこを突く、などの意味で用いられます。

当意即妙に軍を自在に動かし、戦力で優る強大な敵や、隙のない布陣に対して正面から無謀にぶつかることを避ける。そのような者こそ、変化を制することのできる将帥です。

ゆえに、気を制する観点から、高地にいる敵に攻め上がってはならず、丘を攻め下ってくる敵を正面から迎え撃ってはなりません。

心理を制する観点から、囮に釣られてはならず、敗走を偽装する敵を追撃してはなりません。

力を制する観点から、精強な敵を正面から攻めてはならず、退却する軍は殿こそ精強である可能性が高いので、軽々に遮ってはなりません。

変化を制する観点から、完全包囲すると敵は死に物狂いで抵抗し、自軍の損害が大きくなるので（いわゆる「窮鼠猫を噛む」）、必ず一箇所を開け、逃げ道を作り、戦意を削ぐことが重要です。

絶体絶命の状況は、「孫子第11　九地篇」で取り上げる「死地」を生み出すため、敵が死中に活を求めて奮起し、いわゆる「火事場の馬鹿力」を与えてしまうからです。

4　「軍争篇」の交渉への活かし方

「軍争篇」を交渉にどう活かすか

「軍争篇」の要諦は「迂直の計」、すなわち「敵に有利な状況から自軍に有利な状況へ戦場の設定そのものを変えてしまう」ことにあります。つまり、全体としては「３Ｄ交渉」における「セットアップ」の重要性を説いていると言ってもよいでしょう。

しかし、セットアップについては「交渉の３次元（３Ｄ交渉）」（23頁）でとり上げていますので、本節ではそれ以外の「軍争篇」の交渉への活かし方として、次のトピックを取り上げます。

・米中知的財産権交渉
・瀬戸際戦術とそのリスク
・公平性の問題

米中知的財産権交渉

「迂直の計」がよく表れた交渉事例として、１９９３年から１９９５年にかけて行われた、米通商代表部（USTR）シャーリーン・バーシェフスキーによる、中国との知的財産権交渉があります。１９９３年当時、海賊版CDやLD（レーザーディスク）など、中国によるアメリカの知的財産権（ＩＰＲ）侵害が深刻化していました。特に開放経済の進んだ広東省でそれは顕著でした。これに対し、アメリカの音楽業界や映業界は懸命にロビー活動を行い、USTRは中国との知的財産権交渉に着手しました。しかし、次に挙げる要因により、合意は難しいと思われていました。

①　中国の強いBATNA

まず、中国側は交渉に対して強いBATNAを持っていました。「交渉の7要素―交渉における七計」（28頁）で述べたように、当該交渉での合意以外で採りうる選択肢の中で最善のものをBATNA（バトナ）と言いました。強いBATNAを持っているほど、交渉力は高まります。

中国のBATNAは何といっても、各国が垂涎する潜在的巨大市場、すなわち中国自身でした。当時の中国は先進国や当時アジア四小龍と呼ばれた、香港(当時は英国統治下)、台湾、韓国、シンガポールからの投資と技術移転を欲していましたが、相手はアメリカでなくてもよかったのです。

この代替国の存在は、スーパー301条（米通商法における対外制裁に関する条項）発動というアメリカ側のBATNAを弱めるものでもありました。しかも中国は、これまでも度々ＩＰＲ合意を反故にしており、それに対してアメリカは有効な制裁を課すことができずにいました。そのことも中国を強気にさせる要因となっていました。

その上、通商副代表に就任したバーシェフスキーには、政治経験がなく、議会での人脈もありませんでした。さらに、ＩＰＲ交渉を求める知的財産関連産業も一枚岩ではなく、伝統的な映画産業、音楽産業、製薬産業などが熱心である一方、新興のビジネスソフトウェア産業は消極的でした。

② 四面楚歌のバーシェフスキー

交渉に臨むバーシェフスキーはまさに「四面楚歌」の状態にありました。そもそも、最大の支持者でなければならないはずの、当時のクリントン政権が、中国に対する人権問題と最恵国待遇を絡めた圧力で失敗したばかりであり、政府は政権運営にこれ以上のダメージとなるリスクを冒すことを躊躇していました。政府以外の国内の利害関係者も、ほとんどがＩＰＲ交渉に反対（よくても中立）でした。

例えば、国防省は中国のイランやパキスタンに対するミサイル売却問題のほうが重要だと言い、また北朝鮮に対する中国の影響力を考慮して、通商問題で中国との関係を拗らせたくないと考えていました。民間部門でも、すでに中国に進出している企業は、米中関係が悪化することで、市場が他国に奪われることを懸念していました。

人権団体は、ＩＰＲより人権問題のほうが重要だと言い、環境保護団体も環境汚染問題のほうが優先課題であると考えていました。国外においても、アメリカに代わって中国市場を虎視眈々と狙う日本や欧州諸国は、表向きアメリカのＩＰＲ交渉を支持していたものの、アメリカによる対中制裁の悪影響が自国に及ぶことを懸念し、交渉に及び腰でした。

バーシェフスキーは、中国との交渉に臨む以前に、国内外の支持を取り付けなければならないという、重い課題に直面していたのです。

③　マルチフロントの交渉キャンペーン

「３Ｄ交渉」を提唱するセベニウスは、その発展形として２０１０年頃から「マルチフロントの交渉キャンペーン」と呼ばれる手法を提案しています。

これは多数の当事者を戦略的に管理しやすいグループ（フロント）にまとめ、「逆方向マッピング」で決めた交渉順序にしたがって、それぞれのフロントごとにサブ交渉を行うというものです。

【図表8　逆方向マッピングとフロント】

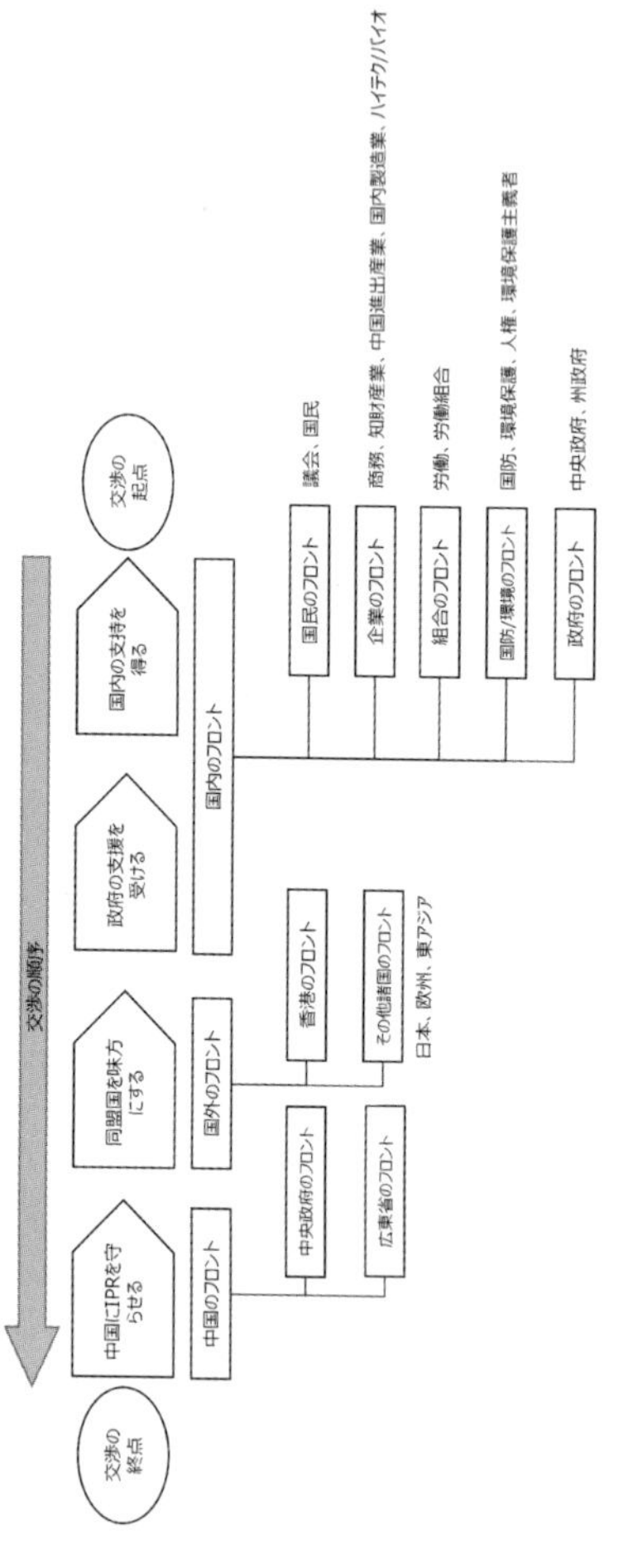

図表8は、レベッカ・フルスとセベニウスの論文、"Sequencing, Acoustic Separation, and 3-D Negotiation of Complex Barriers: Charlene Barshefsky and IP Rights in China" (2003) より、バーシェフスキーの「逆方向マッピング」とグルーピングしたフロントを筆者がまとめたものです。

まず、中国との交渉に入る前に、バーシェフスキーはアメリカ国内の支持と、それを背景に政府の支持を得る必要がありました。さらにそれを背景に、潜在的な敵でもある同盟国を味方につけることで、中国のBATNAを弱め、交渉の席に着かせようと考えました。

そこで、全当事者を交渉順に①国内のフロント、②国外のフロント、③中国のフロントの3つに大分類しました。さらに、国内のフロントを①国民のフロント、②企業のフロント、③(労働)組合のフロント、④国防/環境のフロント、⑤政府のフロントの5つ、国外のフロントを①香港のフロント、②その他諸国のフロントの2つのサブフロントに分類しました。中国のフロントについては、「5. 師を囲むには闕(けつ)を遺せ」で述べます。

「軍争篇」は、「迂直の計を成功させるには周辺諸侯の意図を知っていなければならない」と述べていました。バーシェフスキーは、各フロントの利害(関心)をよく理解し、それぞれの琴線に触れるような交渉を展開していきます。それが次の、「アコースティック・セパレーション」です。

【図表9　アコースティック・セパレーション】

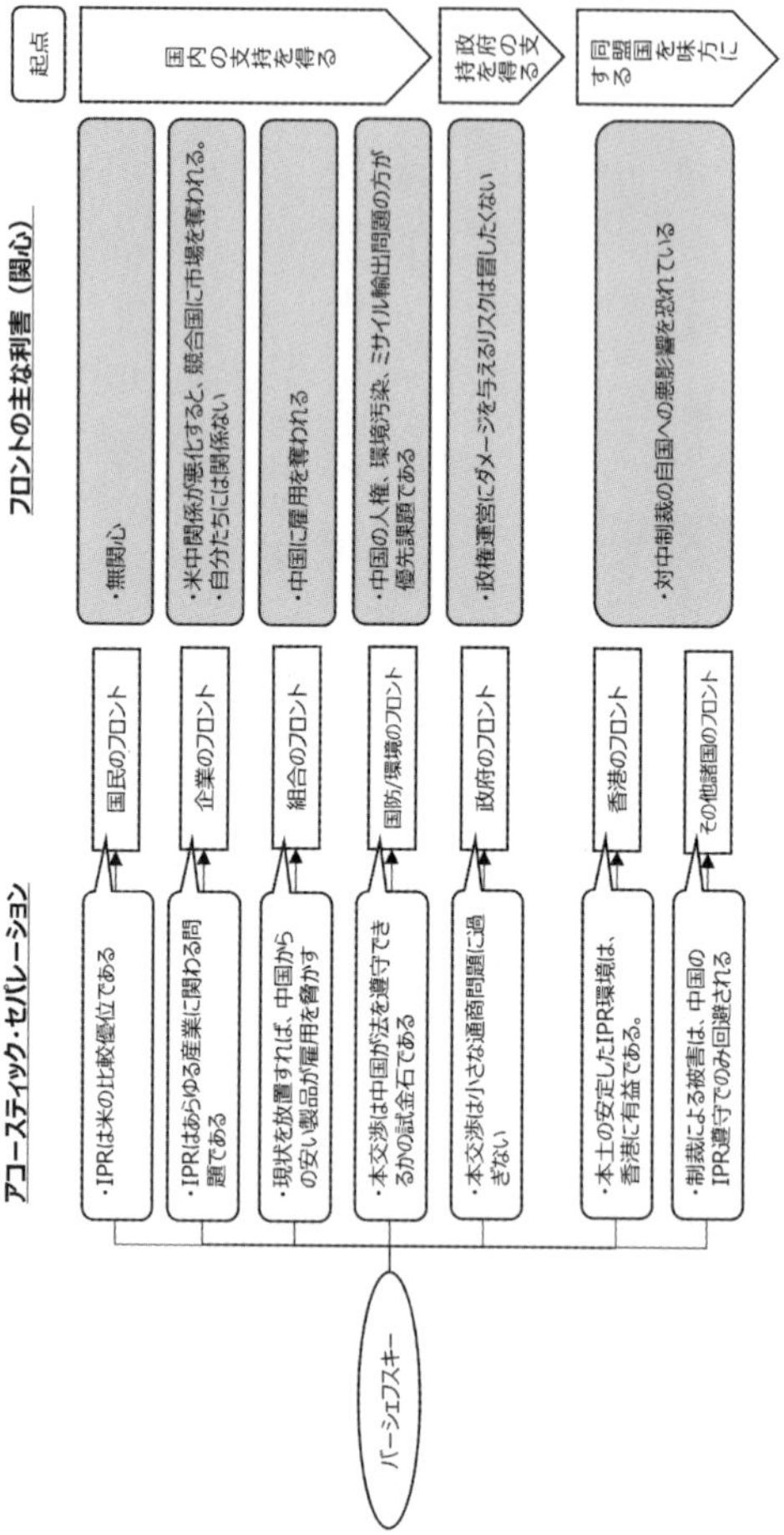

④　アコースティック・セパレーション

そしてバーシェフスキーは、フロントの説得に当たりました。その際、各フロントが抱えている利害（関心）に応じ、次のようなIRP交渉に異なるフレーミング（１０１頁）を行いました。

・無関心な国民のフロントに対しては、「ＩＰＲはこれからのアメリカの競争優位の源泉である（だから、本交渉は重要）」とフレーミング。

・競合国に中国市場を奪われると懸念、あるいは自分たちにＩＰＲは関係ないと思っている企業のフロントに対しては、「これからＩＰＲはあらゆる産業にとって重要な問題である（だから、本交渉は重要）」とフレーミング。

・中国の海賊版や安い製品のせいで国内の雇用が奪われると懸念している労働組合のフロントに対しては、「現状を放置すれば、ますます国内の雇用が脅かされる（だから、本交渉は重要）」とフレーミング。

・一通商問題よりも人種、環境汚染、ミサイル輸出、北朝鮮問題の方が優先事項だと考えている国防／環境のフロントに対しては、「中国がＩＰＲを守れるかは、中国が国際間の取り決めを守れるかの試金石となる（だから、本交渉は重要）」とフレーミング。

・ＩＰＲ交渉失敗が政権運営にさらなるダメージを与えるのではないかと恐れている政府

のフロントには、「ＩＰＲ交渉は世論が支持している。また、本交渉は一通商問題に過ぎない（だから、政権運営に悪影響を及ぼすような問題ではない）」とフレーミング。

・対中制裁の自国への影響を恐れている同盟諸国に対し、香港については「中国にＩＰＲを守る環境があることは、香港の投資にとって有益である」、その他の国については、「対中制裁の悪影響を被らずに済む唯一の道は、中国が本交渉に合意し、ＩＰＲを遵守することである（だから、共にＩＰＲ遵守に合意するよう圧力をかけよ）」とフレーミング。

このように、相手の心に響くよう、それぞれの利害（関心）に応じた表現を用いることをセベニウスは「アコースティック・セパレーション」と呼んでいます。こうして、四面楚歌だったバーシェフスキーは、ほとんどのフロントを説得し、支持か少なくとも中立とすることに成功したのです。

師を囲むには闕（けつ）を遺せ

アメリカに代わって中国市場を狙う諸国がアメリカ支持に回ったことで、中国のBATNAの力は弱まりました。さらにバーシェフスキーは、中国の利害（関心）を利用して、アメリカのBATNAを強化しました。

当時、中国はWTO（世界貿易機関）への加盟を熱望していました。WTOに加盟するには、加盟国と交渉し、国際貿易ルール遵守や市場自由化を約束する必要があります。アメリカは諸外国と共に、WTOに加盟したいならば、本交渉に合意しＩＰＲを遵守するよう圧力をかけたのです。

「軍争篇」で、「（敵を）包囲する場合は、必ず一箇所を開けておかなければならない（師を囲むには闕を遺せ）」とありました（図表10）。中国は面子を重んじる国だと言われています。圧力をかけ、中国を交渉の席に引き出したバーシェフスキーでしたが、彼女は中国政府の面子を立てるため、できるかぎり制裁という脅しを避け、ＩＰＲが遵守されなければ中国が求める技術移転は起こり得ないと説きつつ、「海賊版CDやLDなどを放置しているのは、専ら広東省の地方政府である。中央政府は知的財産権侵害を取り締まるよう、地方政府に圧力をかけて欲しい」と依頼しました。

まさに、抵抗を避け要求を呑ませるため、中国に「闕を遺した」のです。

では、逆に「闕を遺さない」とどうなるのか？　想像はつくと思いますが、次にそれについて見ていきましょう。

【図表 10　師を囲むには闕を遺せ】

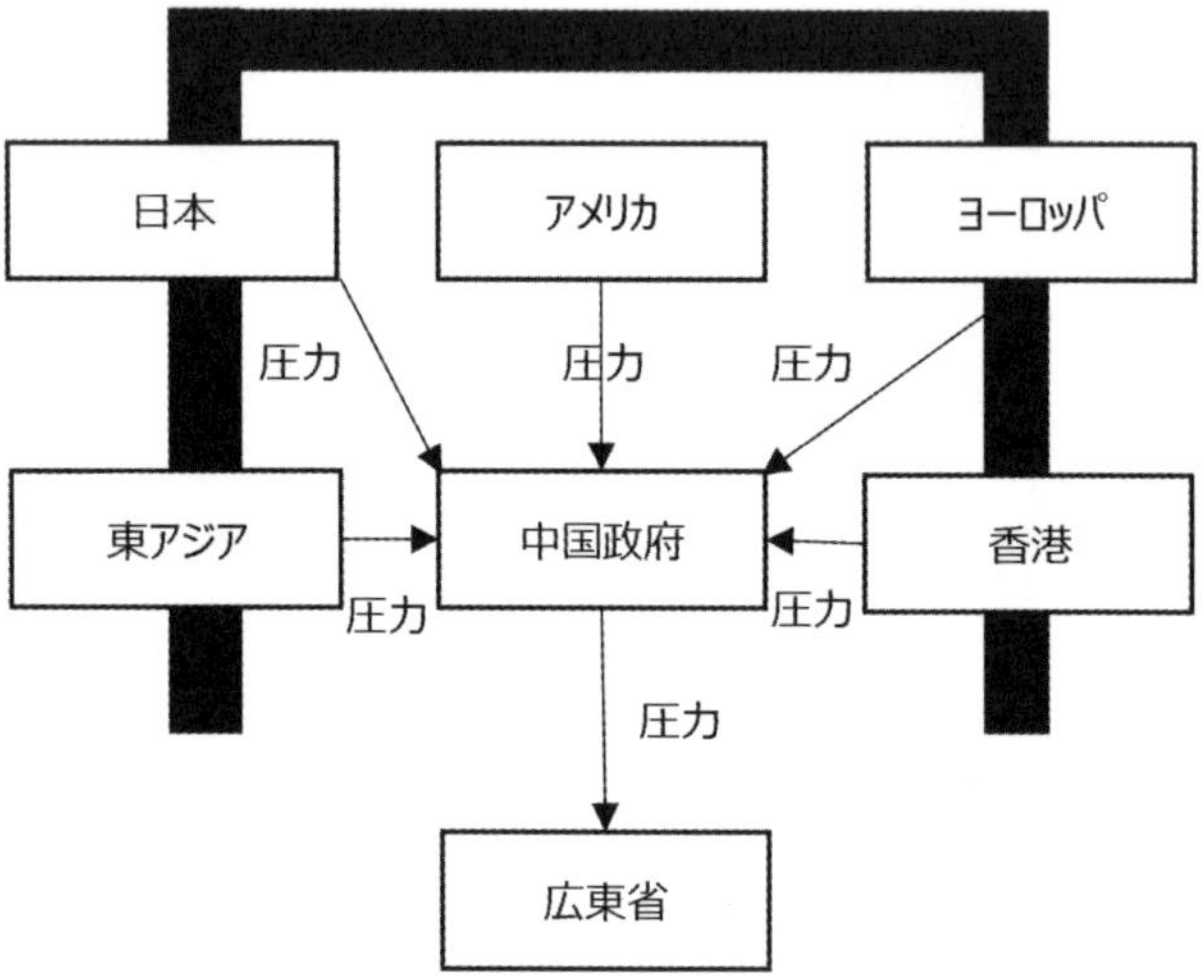

いずれにせよ１９９５年、ＩＰＲ交渉は合意し、中国はその後2年間で70以上の工場を閉鎖、海賊版輸出は事実上ゼロとなりました。

瀬戸際戦術とそのリスク

分配型交渉の戦術の1つに、「瀬戸際戦術（Brinkmanship）」というものがあります。これは、相手に合意するか決裂するかしなければならないところまで条件を突きつけ、強硬に追い詰める戦術です。

この戦術を成功させるコツは、提案した条件を受け入れる以外に方法はないことを相手に納得させることです。

１９６２年のキューバ危機で、アメリカがソ連に対し、キューバに設置したミサイルを撤去しなければ核戦争になると脅しをかけたのが代表的な例です。

しかし、ここまで読み進めておわかりのように、この戦術には大きなリスクが伴います。瀬戸際戦術をかけられた交渉相手が、「死なばもろとも」とばかりに、自身の損害を甘受してでもこちらに打撃を与えるような報復行動に出る可能性があるのです。

例えば、法的手段に訴えたり、内部情報や交渉内容をリークしたりというように。また、このような戦術を頻繁に使うと、相手や外部の信用を失い、将来の交渉に悪影響を及ぼす恐れもあります。瀬戸際戦術を用いる際には、慎重な計画とリスク評価が必要です。

公平性の問題

意思決定の数理モデルである「ゲーム理論」に、「最後通牒ゲーム」とよばれるゲームがあります。例えば、1000円を2人で分けるとします。一方が1000円を分け、もう一方に金額を提示します。

提示された側がそれを受け入れれば、双方が提示された通りの金額を受け取ります。しかし、拒否すればどちらも1円ももらえず終了となります。

経済合理的な観点からすれば、受け手はたとえ1円であっても合意したほうがよいという結論になります。なぜなら、拒否することによる0円よりは1円のほうがマシだからです。

しかしながら、実際にこのゲームを行うと、多くの提案者が折半し、1000：0の総取りを提案した者はいませんでした。また、受け手は、提示が20％（この場合、200円）未満であった場合、その提案を拒否しました。

最後通牒ゲームの一種で、提案者の提示がそのまま通るゲームを「独裁者ゲーム」と言いますが、その場合であっても総取りを提案したのは提案者全体の36％に過ぎず、64％は何らかの分け前を受け手に与える選択をしました。

これらの結果は、人間が自己利益の最大化ばかりでなく公平さも求めること、また、不公平は損害を招く恐れがあると認識していることも示しています。

社会心理学者のレオン・フェスティンガーが提唱した「社会的比較理論」によれば、人間は他者と比較することで、自分の意見や能力を評価し、社会における自分の位置を確かめようとする傾向があるそうです。それも不公平を嫌う理由の１つかもしれません。

しかし、より根源的には、集団で活動する社会的動物である人間にとって、生存のために不可欠である協力関係が、不公平性によって損なわれるからではないかと思われます。というのも、霊長類学者のサラ・ブロスナンとフランス・デ・ワールの実験によれば、不公平を嫌う傾向は同じ社会的動物であるサルにも備わっているからです。

ブロスナンは、１匹のオマキザルが彼女に石を渡したご褒美に、美味しいブドウをあげました。それを見ていた別のオマキザルが、同じように彼女に石を渡したのですが、ブロスナンはそのサルに（ブドウほど魅力の無い）キュウリをあげました。すると、そのサルは怒って受け取りを拒否したそうです。

このように、人間には進化的に不公平を嫌う傾向が備わっているために、経済学が想定する合理的選択との乖離が起きたのです。

また、この傾向のゆえに、人間は合理的に考えれば折半すべきでない時でも折半を望む傾向があり、実際の交渉でも、足して二で割る妥協案がされやすいということがわかっています。

5 「孫子第8　九変篇」のポイント

「虚実篇」では弱者の戦略の基本原則を、「軍争篇」ではその戦略を可能とする状況をいかにしてつくり出すかを述べていました。しかしながら、戦争は相手のある行為です。原則はあっても、必ず相手がその通りに動いてくれるとは限りません。敵軍ばかりでなく、自軍を取り巻く環境や状況が変わってしまうこともあります。

敵が思わぬ動きに出てきたとき、あるいは予想しなかった環境や状況の変化が起こったとき、そうした不測事象に臨機応変に対応できる将帥の力量こそが大切であると「九変篇」は説いています。

九変とは、「無限の変化」という意味です。さらに、将帥自身の望ましい資質でさえ、行き過ぎればかえってマイナスに働くことがあることもあると注意を促しています。

このように、戦争は常に変化の中にあるものなので、たとえ兵法を学んだとしても、それを柔軟に応用できなければ、かえって致命的な落とし穴にもなりかねないのです。

この典型的な例が、小説『三国志』の、有名な「泣いて馬謖を切る」の故事です。

魏へ侵攻する、いわゆる「北伐」における蜀軍の拠点として極めて重要な街亭の守備を命ぜられた参謀の馬謖は、出陣に際し、丞相（首相のような地位）である諸葛亮から再三「街亭の死守」と「高地に陣取ってはならない」という注意を受けていながら、高地に陣取ってしまいます。

その結果、攻め寄せてきた魏軍に山を包囲され、水源を絶たれた上、火攻めにあい壊滅的な敗北を喫してしまうのです。馬謖はその責任を問われ、処刑されてしまいました。

確かに、『孫子』には、「凡そ軍は高きを好みて下（ひく）きを悪（にく）む（「行軍篇」）」、つまり「軍は高地に布陣するのが有利である」と書かれています。しかし、一方で「地に争わざる所あり（「九変篇」）」、つまり、「水や食糧の確保が困難な、占領すべきでない土地というものがある」とも述べているのです。

馬謖は幼い頃から聡明で、兵法に通じていましたが、「勢とは、利に因りて権を制するなり（計篇）」、すなわち「原則はあくまで原則であって、戦術や用兵は状況を総合的に判断し、臨機応変でなければならない」という教えを見落としていたようです。

また、馬謖は、副将の王平から「高地に陣取り、もし敵に水源を絶たれたらどうするのか」と問われた際、「そうなれば兵は生き残るため、必死になって戦うであろう」と答えています。これはこの時代より遡ること400年、漢の名将韓信による「井陘の戦い（前204年）」の「背水の陣（川を背にし、退路を断って決戦する構え）」を念頭においての発言であろうと思われます。しかし、韓信の「背水の陣」は、決して窮地を脱する苦肉の策として生まれたのではなく、不利な状況と見せかけて敵を城からおびき出し、その隙に別働隊が城を占領するという陽動作戦を成功させるために準備した、周到な作戦だったのです。

確かに、『孫子』には「これを亡地に投じて然る後に存し、これを死地に陥れて然る後に生く（「九地篇」）」、すなわち、「兵士を必死の状況に追い込み、奮起させて死中に活路を見出させ、進退窮まった状況に陥れることで、窮鼠猫を噛むがごとく、生きる道を開かせる」とあるのですが、馬謖が韓信と決定的に異なっていたのは、韓信が周到な準備の上で兵を奮起させるため窮地に追い込んだのに対し、馬謖は窮地に追い込めば兵が必死になって戦うだろうと期待していた点にあります。

「虚実篇」で述べられていた、「戦う前に勝算があって戦いを始めた必勝の軍」と「戦いを始めてから慌てて勝算を見出そうとした必敗の軍」の違いがあったのです。

初めに「九変篇」は、用兵の原則から述べます。まず、将帥は君主の命を受け、兵を動員・編成します。そして戦場では、次のような地形判断の原則があります。

(1)　泛地（はんち）…沼沢地や水はけの悪い低地。地盤が脆く、機動力を発揮しにくいため、宿営に適さない。

(2)　衢地（くち）…他国と国境を接する戦略的要衝。こうした地域の小領主たちとは友好関係を築き、影響力を確保することが重要。

(3)　絶地…敵国の領内深くに侵入した地。戦略的に重要でない城の攻略に時間を浪費することを避け、迅速に遠ざからなければならない。

(4)　囲地…三方を山に囲まれ、前方が狭隘な路である地。敵に包囲される危険が高いため、慎重に対応策を講じる必要がある。

(5)　死地…（前述のような）退路が断たれ、死中に活を求めるしかない絶体絶命の地。このような状況では、迷わず全力で戦うしか生き残る道はない。

このように、戦争には原則が存在するものの、状況次第でその原則が適用できない場合があるのです。状況によっては進んではならない道があり、攻撃してはならない敵がおり、攻めるべきでない城があり、従うべきでない主君の命令さえあります。

原則はあくまで原則であり、刻々と変化する状況に適応できる者こそ、真に用兵に通じた者です。逆に、原則を金科玉条のごとく絶対視し、柔軟な応用力を欠いていれば、まさに、前述の馬謖のように、たとえ兵法の知識に長けていても、その知識は戦場で役に立たないのです。

さらに、状況を正しく判断できたとしても、敵の予測不能な行動に適切に対応できる行動力と運用力がなければ、戦いの妙手を発揮することはできません。ここに、戦争の難しさがあるのです。

したがって、優れた将帥は、常に物事をプラスとマイナスの両面から考えます。プラスの中にも、そこに潜むマイナス面を考慮し、マイナスの中にも、プラスの側面を見出し活用しようとするのです。

同様に、諸侯を屈服させる際にも、状況に応じて適切な手段を使い分けることが重要です。例えば、害をちらつかせて脅す、怒りを煽り諸侯同士を争わせる、利益を示し、こちらの味方につくよう誘導するというように。また、敵が攻めてこないだろうという希望的観測に頼るのではなく、「形篇」で説かれているように、敵が攻めたくても攻められない防御態勢を主体的に構築することが重要です。

さらに「九変篇」は、将帥自身の望ましい資質でさえ、行き過ぎればかえってマイナスに働くことがあることもあると注意を促しています。古代中国の陰陽思想は、陽が極まれば陰に転じ、陰が極まれば陽に転ずるというように、この世のものはすべて生生流転を繰り返すと考えます。プラスの極まりはマイナスの始まりでもあるので、好ましいものとは考えません。それ故、極端に偏らず、調和のとれた「中庸」が尊ばれるのです。

九変、物事の極まりない変化は、戦争に限らず、この世の本質です。つまり、将帥としての本来優れた資質が、行き過ぎにより欠陥に変わることもあるということを心得ていなければなりません。これを『孫子』は「(将の)五危」と呼び、次のように説明しています。

(1) 必死…勇猛で死を恐れない資質は重要だが、行き過ぎればただの蛮勇となる。無謀な突撃をすれば、敵に弱点を突かれ命を落とすことになる。

(2) 必生…必ず生きて帰ろうという決心は、兵の命を大切にする点では良い。だが、臆病になりすぎて前進できなければ、敵にその虚を突かれ、捕虜になる危険がある。

(3) 忿速(ふんそく)…決断と行動の迅速さは、将帥にとって重要な資質である。だが、軽率に動きすぎると、敵の挑発に乗せられ、不利な状況に陥る。

(4) 廉潔(れんけつ)…清廉潔白な人格は、将帥にとって不可欠である。だが、自尊心が強すぎると、それを利用され屈辱的な状況に追い込まれる。

(5) 愛民…兵士を慈しみ、大切にすることは、将帥にとって欠かせない。だが、些細なことにこだわりすぎると、大局的な判断を見誤り、戦局を見失うことになる。

こうした行き過ぎが引き起こす禍はすべて将帥の過失であり、用兵の妨げとなります。軍が敗れ将帥が敗死するのは、必ずと言っていい程、この「五危」に原因があると『孫子』は述べています。

6 「九変篇」の交渉への活かし方

「九変篇」を交渉にどう活かすか

戦争に「こうすれば絶対に勝てる」という絶対の方法がないのと同様、交渉にも必ず成功するという方法はありません。もちろん、交渉力は天賦の才に頼るばかりでなく、知識や訓練によって高めることができるスキルではあります。カンザス大学のロバート・キーファーらは、交渉力が訓練によって高められること、日常生活に一般化可能であることを明らかにしています。

だからといって、「無敵の交渉術」が存在するわけではないのです。無敵の戦略や戦術が存在すれば戦争は起こりませんし、無敵の交渉術が存在するなら、そもそも交渉は必要ありません。

無窮の変化こそこの世の本質だとすれば、不測事象に臨機応変に対応できる力量は、交渉者にも求められます。それを前提として、本節ではそれ以外の「九変篇」の交渉への活かし方として、次のトピックを取り上げます。

・交渉者の性格や個人差が交渉に与える影響

・連合を組む相手の見極めと対処法

交渉者の性格が交渉に与える影響

「九変篇」の後半では、将帥に本来備わる優れた資質であっても、状況次第では欠点となり、戦争の行方に重大な悪影響を及ぼすことがあると説き、これを「五危」と呼んで戒めていました。同様に、交渉においても交渉者自身の個人差が交渉に影響を及ぼすことがあります。

従来、交渉学では、例えばアンカリング（「103頁の「アンカリング」参照）のような、交渉者全般に当てはまる心理傾向についての研究は行われてきましたが、個人差にはあまり重きが置かれてきませんでした。

しかしながら、この分野の第一人者である、ワシントン大学のヒラリー・エルフェンバインは、同僚と共に約150人のMBAの学生を対象に調査を行い、交渉者の交渉結果と満足度の違いの実に49％が、個人差に起因することを明らかにしています。

エルフェンバインは、マラ・オレカルンズ、ウェンディ・アデア監修、『交渉研究ハンドブック（2013、未訳）』の第2章「交渉における個人差」の中で、交渉者の個人差を1．性格、

2．認知・感情・創造性、3．動機の3つに分けて説明していますが、ここでは「性格」について取り上げます。

ジョンズ・ホプキンス大学のポール・コスタ・ジュニアと国立老化研究所のロバート・マクレーは、1990年代に性格と学業行動の関係を理解するための5つの性格特性グループとして、「性格の5因子モデル（OCEANモデル）」を定義しました。すなわち、①開放性、②誠実性、③外向性、④協調性、⑤神経症傾向の5つです。これらの性格特性を採用し、それが交渉結果に及ぼした影響を大まかにまとめると、図表11のようになります

①開放性（Openness）

開放性とは、創造力、心の広さ、あるいは様々なアイデアを探究し、創造的解決策を生み出す力のことを指します。

開放性の高い交渉者は、統合型交渉ではよい成果を挙げま

【図表11　性格特性が交渉結果に及ぼす影響】

	分配型交渉	統合型交渉
O:開放性（高）	↓	↑
C：誠実性（高）	↑	↑
E：外向性（高）	↓	—
A：協調性（高）	↓	—
N:神経症傾向（高）	—	—

↑…正の影響

↓…負の影響

したが、分配型交渉では良い成果を挙げられませんでした。

②誠実性（Conscientiousness）

誠実性とは、自制心、組織力、注意深さ、責任感、達成意欲などを指します。テキサスA&M大学のマレー・バリックとアイオワ大学のマイケル・マウントによる１９９１年の研究は、誠実さが他の特性よりも全体的な交渉結果によい影響を与えることを明らかにしています。

しかしながら、ヴァンダービルト大学のブルース・バリーとレイモンド・フリードマンによる１９９８年の研究では、誠実さと交渉結果との間に関連性を見つけることができませんでした。

これについてエルフェンバインは、この研究に参加した誠実性の高い被験者が、低い被験者ほど交渉の準備をする時間がなかった可能性があると示唆しています。見方を変えれば、この誠実性がもたらす影響については、交渉の準備を入念にすることで補うことができると言えそうです（交渉の準備の重要性については、69頁の「交渉の準備の重要性」参照）。

③外向性（Extraversion）

外向性とは、社交性、積極性、話しやすさ、楽観性などを指します。外向性が低いということは、内向性が高いということです。

バリーとフリードマンによる1998年の実験は、外向性の高い交渉者が、分配型交渉で内向性が高い人より結果が低かったことを明らかにしました。一方、統合型交渉では、両者の間に差はありませんでした。

④協調性（Agreeableness）

協調性とは、礼儀正しさ、柔軟性、共感、信頼、寛容さなどを指します。エルフェンバインによると、バリーとフリードマン他、ほとんどの研究では、協調性の高い交渉者は分配型交渉で結果がわずかに低くなり、統合型交渉では結果に影響を与えませんでした。

一方、他者に対して極端に配慮し、自分より相手のニーズを優先してしまう、協調性の極端な形、「非緩和共同性」の高い人は、人間関係構築が問題とならない1回限りの分配型交渉では他の人と変わらぬ結果を出すことができましたが、双方で非緩和共同性が高かった場合、統合型交渉での結果は思わしくありませんでした。ただし、双方の満足度は高いという結果となりました。

⑤神経症傾向（Neuroticism）

神経症傾向とは、不安、抑鬱、心配、不安定さなどを指します。バリーとフリードマンによる実験で、神経症傾向の高さは交渉の結果に影響を及ぼしませんでしたが、エルフェンバインと同僚による2008年の調査で、神経症傾向の高い交渉者は、事後的に交渉経験を否定的に捉えていることが分かりました。

この他、面子を重んじる、自尊心の強い交渉者は、相手と共同の価値を生み出す前に交渉を終わらせる傾向があり、例えば模擬交渉で求職者の役を演じたときのような、自尊心が脅かされるような交渉では暗礁に乗り上げやすいことが、ダートマス大学のジュディス・ホワイトと同僚による研究で明らかになっています。

また特性の似ている交渉者同士は、互いに対する肯定感が高まる結果、合意に達するのが早く、対立が少ない傾向にありました。反面、その傾向は、互いに似ていない交渉者同士の交渉と比べ、より良い結果には結びつきませんでした。

交渉結果を改善するため、ここで取り上げた個人差、すなわち性格を変えるのは容易ではありません。しかしながら、ある程度は知識と指導・訓練により改善することが可能とされています。自分の性格特性の長所と短所を理解し、短所については他の特性が持つ長所を取り入れるよう訓練するのです。

例えば、交渉を分配型で捉えがちな競争的性格の交渉者が、統合型交渉のプロセスとその利点を学び、訓練を重ねることで、協創的に行動することは不可能ではないのです。

連合を組む相手の見極めと対処法

「九変篇」の序盤で、５種類の地形判断の原則が述べられていました。このような状況判断の原則は交渉においても幾つかありますが、ここでは衢地（他国と国境を接する戦略的要衝。こうした地域の小領主たちとは親交を結び、影響力を確保する）に因んで、連合（Coalition）を形成する際の相手のタイプの見極めとその対処法について取り上げます。

交渉を有利に進めるため、他者と連合を形成することがあります。これは「交渉力の源泉ー交渉における五事」（26頁）で取り上げた「交渉力の源泉」の「正当性」の1つであり、自分の主張を支持する者が多数いることが、その主張の正当性を生み、交渉力となるからです。

対外交渉であれ、対内交渉であれ、「連合形成」は誰と組むかを考えます。効果的に連合を形成するには、まず連合する目的を定義することが重要です。目的を明確にすることで、誰が最も味方になる同盟者か、最も危険な敵対者かを特定することができます。

作家、コンサルタント、講演者のピーター・ブロックは、「同意（その目的に賛成しているか否か）」と「信用（こちらを信用しているか否か）」という2つの軸で相手のタイプを図表12の5つに分類し、連合を組むべき相手の見極めと、対処法について述べています。

①同盟者

こちらの目的に賛成しており、信用もされているので、最も味方となってくれる相手です。このような相手とは、情報を開示し、積極的に意見交換をします。同盟者に敵対者との交渉を依頼することもできます。

また、同盟者が自分とは違った視点や意見を提供してくれる可能性もあります。

②反対者

信用はされていますが、こちらの目的に反対している相手です。反対者だからと言って、安易に連合相手から外してはなりません。

反対者は、立場が異なるだけで、味方になってくれることも多いのです。反対者の意見は、自分が気づかなかった貴重な視点を提供してくれるかもしれません。あるいは、こちらが無意識に目を

【図表12　5つのタイプ】

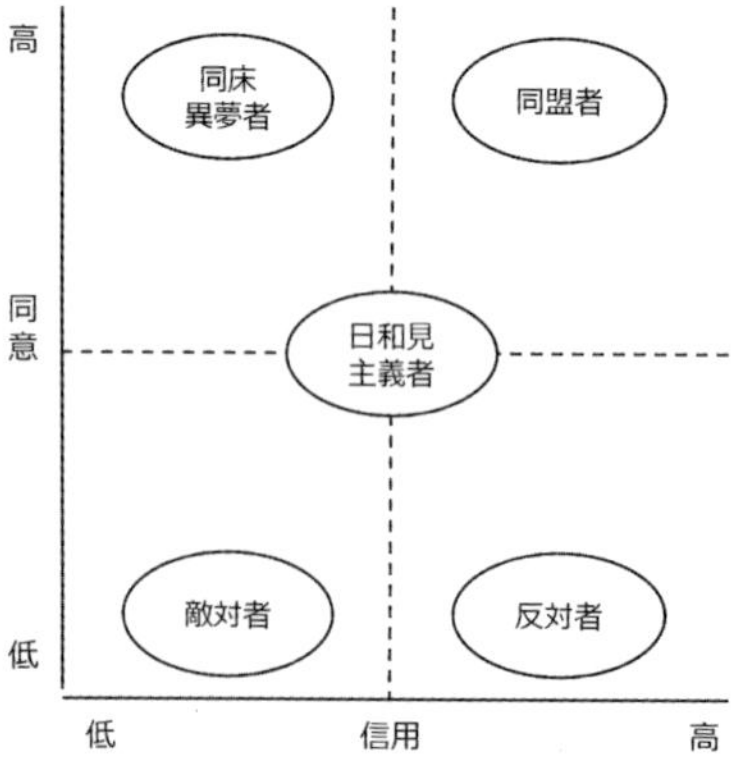

背けていた弱点を指摘してくれるかもしれません。また、反対者も取り込めば、その連合の誠実さをアピールすることにつながります。

反対者と話すときは、結論を急がないよう注意します。後述の「クリスティアナ・フィゲレスの気候変動枠組条約締約国会議（COP）交渉」（１６０頁）で、フィゲレスは、交渉を妨害する国に対しても耳を傾け、彼らとも連合しました。

③同床異夢者

こちらの目的に賛成してはいますが、信用度が低い相手です。このような相手には、自分の目的が真実であることをわからせるため、信頼関係の構築を図らなければなりません。こちらに対する信用度が低いのには、過去からの様々な経緯が影響しているかもしれません。相手の話に耳を傾け、相手の中にこちらに対する警戒心があることを認め、彼らが連合に加わることに対するこちら側の期待を伝えます。

④日和見主義者

同意と信用の程度が中くらいというより、どっちつかずの立場をとる相手です。日和見主義者は情報を収集し、誰と組むか、あるいは組まないかを自分で判断します。

このような相手にできることは多くありませんが、彼らはよき聞き手であり、友好的であることが多いので、こちらの目的と正当性を伝えておくことです。

⑤敵対者

反対者と違い、彼らはこちらを信用すらしていないので、基本的に放っておくしかありません。しかし、ひょっとすると自分よりはマシな関係を築いている同盟者が、仲裁に入ってくれるかもしれません。敵対者は説得しようとせず、こちらの目的を明確に伝え、相手の立場に対するこちらの理解を伝え、相手の不安や緊張の緩和に努めます。

ただし、「九変篇」の教えるところによれば、これらの分類さえも状況や相手の変化によって変わる可能性があることは心得ておかなければなりません。

7 「孫子第11　九地篇」のポイント

『孫子』の中で最も長い「九地篇」は、戦術論である「行軍篇」、「地形篇」を含む「虚実篇」から「九変篇」までの「弱者の戦略」のまとめです。

初めに、敵地に侵攻する際に想定される、場所によって起こりやすい兵士の心理変化や不測事象を招く恐れのある地理的性質を、侵攻の初期から決戦に至るまでの過程に沿って段階的に「九地」として分類し、説明しています。

「九変篇」に出てきた、５つの地形（泛地、衢地、絶地、囲地、死地）の内、泛地を除く４つは「九地」と重なっています（絶地は軽地とほぼ同じ）が、ここでは「九変篇」でそのような地形判断をしなければならなかった主に心理的要因について述べていると考えればよいでしょう。

「九地篇」の本文では、後段でそうした兵士の心理変化や不測事象に対する対処法、また優れた将帥の力量について述べていますが、ここでは「九地」の説明と共にまとめて取り上げます。

(1)　散地

「作戦篇」を見てもわかるように、戦争を行う際の『孫子』の原則は、「敵の領土で戦うこと」です。しかし、「散地」は敵国に侵攻する前の自国の領土内にいる段階を指しています。自国の領土は地形に精通しているため、敵を引き込んで戦った方が有利なように思えますが、敵が自国内に攻め入った状況では、兵士たちは、残してきた家族や土地の心配をするようになります。

また、帰ろうと思えば逃亡してでも帰ることができる状況であるため、兵士の気が散りやすく、戦いに集中しにくくなります。このような状況を生み出す場所なので「散地」というのです。

散地となる状況は、原則として避けなければなりません。敵軍の侵攻を受け散地とならざるを得ない状況では、将帥は君民の結束を固めるよう心掛けなければなりません。

『孫子』の中で、呉王が孫武に諮問します、「敵が大軍を率い、万全の準備で攻め込もうとしています。これを迎え撃つには、どうすればよいでしょうか?」。それに対する孫武の答えは、次のとおりです

① 敵が最も避けたい状況を作り出せば、こちらの思い通りに動かせる(「愛するところを奪う」:「虚実篇」、「軍争篇」)。

② そのためには、素早いかけ引きを最優先とする(「拙速」:「作戦篇」、「兵は詭道なり」:「計篇」)。

③ さらに、敵の準備が整う前に、意表を突き、警戒の薄いところを攻める(敵の実を避け、虚を撃つ」:「勢篇」)。

(2) 軽地

自軍が敵の領土内に侵攻しました。しかし、国境を越えてからまだ進軍の程度が浅いため、兵士の戦意が十分に高まっていない状況です。

このような状況では、兵士はまだ引き返すことができるので、戦場に赴くにあたり不安だったり、あるいは逆に戦争の実感がなく浮ついた心持ちである可能性があります。

このように、心ここにあらずの状況を生み出す場所なので「軽地」というのです。将帥としては、このような状況はいち早く脱しなければなりません。そのためには、迅速に軍を進め、奥地へと侵攻します。

(3) 争地

「形篇」では、機先を制し不敗の態勢をとること、「行軍篇」ではやはり機先を制して有利な地形を占めることが説かれていました。戦場による有利な地形は、敵味方双方による争奪戦の的となりますので、このような戦略上の要地を「争地」と言います。

もし敵が先に争地を確保していた場合、無理に奪おうとせず、計略を用いて敵がそこに留まれなくなるよう仕向けます。

明智光秀と羽柴秀吉が覇権を争った「山崎の戦い（1582年）」では、勝敗の分岐点をあらわす諺に「天下分け目の天王山」とあるように、天王山が争地と思われがちですが、実はこの戦いの争地は、京都の入口であり、天王山と男山に挟まれた狭隘地にある大山崎の町だったと思われます。

ここは一番狭いところで幅300mしかなく、しかも桂川、宇治川、木津川という3本の川が淀川に合流する地点で、一層狭くなっているところに町が広がっていました（3本の川が合流する交通の要衝、「交地」でもあるためです）。

さらに当時は、前方（京都に向かう側）に永荒沼という沼地が広がり、一層大軍の展開を難しくしていました。したがって、推定2万～4万と言われる羽柴軍に対し、1万～1・6万と明らかに劣勢の明智軍にとって、大山崎は絶対に抑えなければならない争地だったと言えます。しかしながら、ここを抑えたのは羽柴軍のほうでした。結果は、よく知られている通りです。

⑷　交地

敵味方の双方にとって重要な交通の要所を「交地」と呼びます。ここを占領されると、侵攻が困難になるだけでなく、補給線や連絡線を断たれる恐れがあります。

したがって、敵に占領させてはなりません。優れた将帥は、交地を先取し拠点を築いて、防備を固めます。

「関ケ原の戦い（１６００年）」の舞台となった関ケ原は、古代には南側に不破の関が設けられ、関東と関西を結ぶまさに交地でした。

石田三成を中心とする西軍は、この西側の隘地（「地形篇」）を見下ろす高地に布陣し（「行軍篇」）、東軍を待ち受けました。そこまではまさに兵法に適っていたのですが、結果は小早川秀秋らの裏切りに遭うなどして東軍の勝利に終わりました。まさに「地の利は人の和に如かず」だったと言うことでしょうか。

(5) 衢地

諸侯の勢力が集まり交錯する地域を「衢地」と言います。中国の春秋時代、晋や楚といった大国に挟まれた鄭のような小国は、時には晋に臣従し、時には楚に臣従するなどして生き残りを図ってきました。

逆に晋や楚のような大国にとって、例えば楚が晋に侵攻する際、その通り道にある諸侯から思わぬ攻撃を受ける可能性があります。したがって、衢地にあっては外交をもってこれら諸侯を味方につけるか、少なくとも敵国につかないようにしなければなりません。

【図表13　衢地】

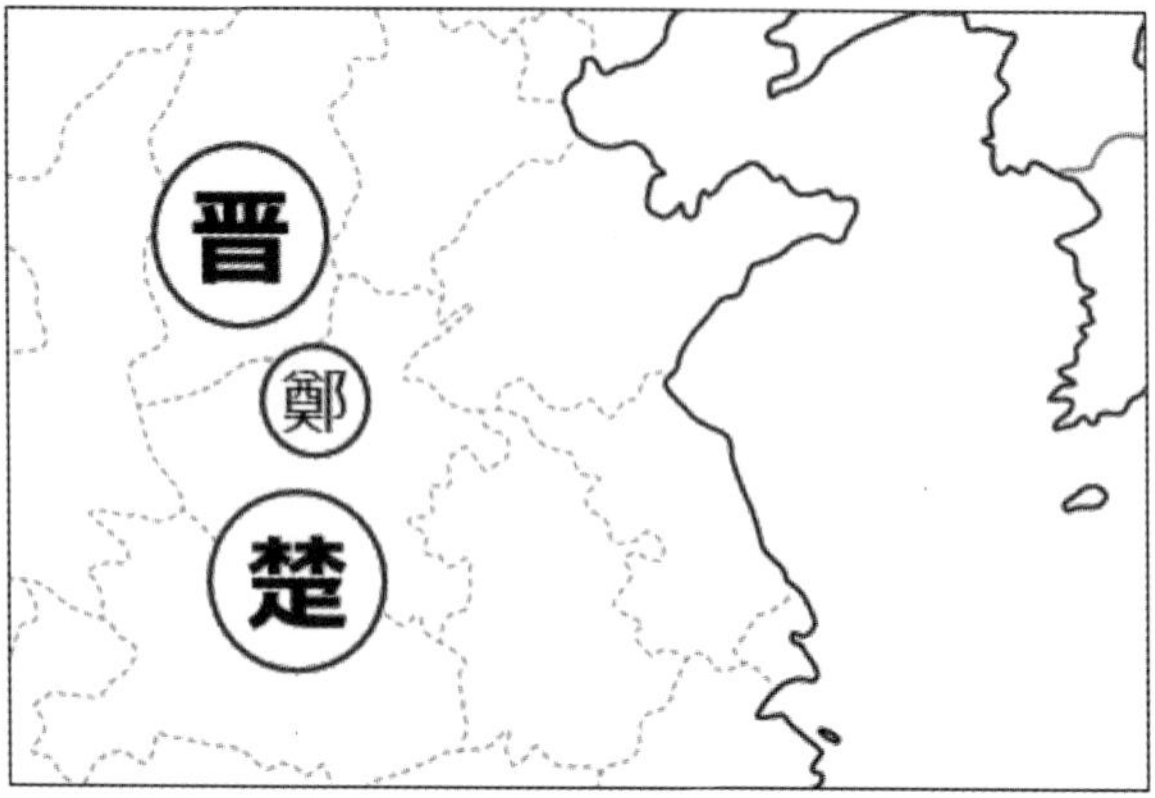

周辺の諸侯は、通常、侵入してきた外敵に対しては防衛のために抵抗し、やむを得なければ戦います。ですが、外敵が自国の領土を通過するだけであれば、見過ごす場合もあります。こうした彼らの心理を理解し、予め友好を結ぶべき場所が「衢地」です。

とはいえ、同盟者の協力を過信して油断してはなりません。優れた将帥は、大国と戦う際、その戦力を一点に集中させせないようにします。さらに、周辺諸侯に圧力をかけることで敵国の外交を孤立させ、同盟国からの支援を受けられない状況に追い込みます。

だからといって、諸侯と同盟を結ぶために、敵国と競って機嫌を取るようなことはせず、彼らを従わせるために権勢を誇示することもしません。

大切なのは、日頃から自らの能力を信じ、鍛え養うことです。そうすれば、自然とその威厳が相手に圧力を与えるようになるのです。

⑹ 重地

いよいよ敵国の領地深く侵攻しました。こうなると退却するのも容易ではありません。したがって、兵士も覚悟を決め、戦意が固まるようになります。一方で、このような地では、すでに通過してきた城などから挟み撃ちにされる恐れがあります。そのため、戦略的に重要でない城に時間を浪費することは避け、迅速に遠ざからなければなりません。重要なのは、戦争目的を見失わないことです。

重地は絶地でもあるので、自軍の兵士の戦意が高まります。一方、敵国の兵士から見れば散地の状況です。さらに「作戦篇」が述べているように、「物資は敵国で調達する」ので、敵の兵から見れば兵糧を確保できる肥沃な土地や家族などをこちらに抑えられているということになります。そのため「虚実篇」や「軍争篇」のいう、「敵の愛するところを奪っている」ことになり、一層敵国の兵士の気が散りやすい状況をつくり出すことができるのです。

(7) 泛地

沼沢地や水はけの悪い低地など、自然環境により進軍が困難な地形を「泛地」と呼びます。「泛」は、水死者が漂流する様をあらわした形声文字で、字からも不吉なイメージがあります。敵国の領地では、もともと地理に不案内なうえ、自然条件に加えて斥候や案内人を欠いたため進軍が困難になることもあります。このような状況では、決して長居せず、速やかに抜け出さなければなりません。

逆を言えば、優れた将帥は自国や敵国の自然環境や地理的条件を深く理解し、現地の案内人を活用することで、泛地に陥ることを防ぐのです（「行軍篇」「地形篇」）。

(8) 囲地

前進するには狭い路を通らねばならず、退くにも視界の悪い曲がりくねった山道で、進退共に難しく、包囲されやすい地形を「囲地」と呼びます。

このような地形を上手く利用すれば、少数の兵力で大軍に対抗することも可能です。そのため、囲地では包囲されないよう慎重に策を講じるとともに、先に出口を確保し、通行の自由を確保しながら防御を固めることが重要です。

(9) 死地

絶体絶命の状況にあり、そこから抜け出すのに迅速な行動が生死を分けるような状況を「死地」と呼びます。死地では、戦う以外に生存の道がないため、兵士は死中に活を求めて戦うしかありません。しかし、それは単に軍を追い詰め、兵士を危険にさらすことを意味するのではありません。

「井陘の戦い（前204年）」の韓信（132頁の「九変篇」参照）のように、周到な準備の上、かつその意図を将兵に知らせず、目の前の敵を撃破しなければ生き延びる道はないかのように見せることで、兵士たちの、奮起を促すのです。

もちろん、将兵は勝算が分かりませんから、そこには常勝将軍韓信に対する信頼もあったでしょう。ゆえに『孫子』は言います、「戦力の維持に細心の注意を払い、無駄に疲弊させることなく、軍の士気を高めて戦闘力を蓄え、兵を巧みに操り、誰にも作戦の意図を読ませない。このような軍を死地に投入すれば、命の危険があっても逃げ出すことはなく、将兵は全力を尽くして戦うだろう」と。

以上のように、「九地篇」では兵士の心理変化や不測事象を招く恐れのある9つの地理的性質を挙げ、その中で改めてこれまで（特に「虚実篇」以降「地形篇」まで）述べてきたことの重要ポイントをおさらいしています。

そして、後段ではやはり、最終的にモノをいうのは将帥の統率力（リーダーシップ）であることを強調しています。

その要点は、①兵士を戦いに向かわせ、力を発揮させること、②組織を一枚岩にし、自在に動かすこと、③戦は将帥による虚実の操縦如何であること、の3点です。

① 兵士を戦いに向かわせ、力を発揮させる

兵士だからと言って、戦場に向かえば当然のように勇敢に戦うというものではありません。現代の一流とされる多くの格闘家も皆口を揃えて「（試合前までの）恐怖はある」と言っています。誰でも死ぬのは怖いのです。

このような兵士たちを戦闘へと駆り立てるには、迷信に惑わされないよう占いを禁じ、適切な恩賞を与え、指揮命令を統一し、兵士たちの功名心を奮い立たせることが必要です。その上で、退くことのできない死地に投入すれば、彼らは自ずと警戒を強め、力を発揮し、団結し、指揮に忠実に従い、必死に戦うのです。

② 組織を一枚岩とし、自在に動かす

『孫子』によれば、巧みな用兵とは常山に棲む双頭の蛇（卒然）のようなものだと言います。つまり、頭を攻撃すれば尾が反撃し、尾を攻撃すれば頭が反撃し、胴を攻撃すれば頭と尾が同時に反撃するように、状況に応じて先陣・後陣・右翼・左翼が連携するのです。

それを可能とするには、まず前述のように、兵士の心が一つにならざるを得ない状況をつくります。例えば、「呉越同舟」の諺はまさに「九地篇」から生まれたものですが、反目する者同士でも、一度共通の困難や利害に直面すれば協力し合うのです。

次に、作戦の意図は将帥のみ知るところであり、部下の兵士たちには知らせません（前述の「⑼死地」参照）。これは、敵だけでなく味方にも悟られてはならないからです。その上で、あたかも高い場所に登ってから梯子を外すように、後戻りできない状況を作り出します。以上のことは、「虚実篇」のおさらいです。

逆に、戦上手というものは、敵軍を卒然のように自在に連携して動けないよう仕向けるのです。つまり、敵の前軍を攻撃しても後軍が支援できないようにし、分散した軍が連携できないようにし、指揮官と兵士をバラバラにし、指揮系統を混乱させて統率を乱し、兵士を分散させて力を一点に集中させないようにし、仮に集結しても一致団結して協力できない状態にするのです。

③ 戦は虚実の操縦如何にあり

用兵の巧みさは、敵の意図を見抜き、あたかもそれに従っているように見せることにあります。つまり、敵の作戦に乗っているように装い、実は自分の狙い通りに敵を誘導し、好機を捉え一気に討ち取るのです。

つまり、初めは幼い娘のように素直に敵の意向に従うふりをし、敵に油断が生じた瞬間、脱兎のような素早さで奇襲します。敵は不意を突かれたうえ、あまりにも速いので、なす術もないのです。以上のことは、「軍争篇」のおさらいです。

これを実現するには、前述のように情報の流出を徹底的に防ぐ必要があります。そこで、作戦を実行する日は関所を閉じ、通行手形を無効にし、使者の行き来を禁止します。さらに、最高意思決定機関である廟堂において、厳粛かつ緊張感のある軍議を重ね、計画に誤りが生じないよう万全を期すのです。

敵に隙が生じるや、ただちに敵地へ侵攻し、敵が絶対に見捨てられない重要拠点を攻撃します（「愛するところを奪う」：「虚実篇」、「軍争篇」）。その上で、救援に駆けつけた敵軍を待ち伏せ、前述のように敵の動きに応じて柔軟に対応し、好機を捉えて打ち破ります。これも「虚実篇」のおさらいです。

8　「九地篇」の交渉への活かし方

「九地篇」を交渉にどう活かすか

「九地篇」は、戦術論である「行軍篇」、「地形篇」も含めた、「虚実篇」から「九変篇」までの「弱者の戦略」のまとめでした。同様に、ここまで取り上げてきた交渉学の様々なエッセンスが含まれる交渉事例をご紹介します。

・クリスティアナ・フィゲレスの気候変動枠組条約締約国会議（COP）交渉（注）
・交渉の場が及ぼす影響

（注）フィゲレスは、COP 交渉そのものを行ったのではない。メディエーターとして、COP 交渉を成功させるための交渉を利害関係者と行った。

クリスティアナ・フィゲレスの気候変動枠組条約締約国会議（COP）交渉

クリスティアナ・フィゲレスは、コスタリカ出身。2010年、国連気候変動枠組条約（次、UNFCCC）事務局長に就任し、崩壊の危機に瀕していた地球温暖化対策について話し合う国際会議、「気候変動枠組条約締約国会議（次、COP）」を立て直し、5年後のCOP21で、史上初の気候変動枠組条約全加盟国（196か国）が参加する国際的枠組み（パリ協定）を採択へと導きました。

一国連職員に過ぎず、何の権限も持たなかった彼女が196か国もの国々をとりまとめ、画期的な協定を合意へと導いた交渉とはどのようなものだったのでしょうか？

ここでは、セベニウスらの論文〝Christiana Figueres and the Collaborative Approach to Negotiating Climate Action〟（2023）より、フィゲレスの交渉をこれまで取り上げた交渉学を使って分析してみたいと思います。

ちなみに、フィゲレスは2022年に「偉大な交渉者（The Great Negotiator）」としてPONから表彰されています。

① 背景

1992年、ブラジルのリオデジャネイロで国連環境開発会議（地球サミット）が開かれ、国連気候変動枠組条約（UNFCCC）を採択、154か国が署名しました。現在199か国が批准しています。その後、国連は年次で開催されるCOPを主催、支援する機関として、UNFCCC事務局を設立しました。

2009年、デンマークのコペンハーゲンでCOP15が開催されました。しかし、この会議は、議長国であるデンマークの手続き上の失敗や、一部の国が交渉に参加できない、特定の国だけが秘密交渉をしているのではないかという疑惑、合意した途上国への温室効果ガス排出量削減のための資金援助がまともに履行されないなど、様々な要因により失敗に終わりました。フィゲレスは、そのようなCOP自体が崩壊するのではないかという雰囲気の中で、UNFCCCの事務局長に就任したのです。

② 信頼を回復し、交渉に勢いをつける

図表14は、フィゲレスの交渉過程を「逆方向マッピング」（43頁の「戦わずして勝つ－3D交渉の『逆方向マッピング』」参照）したものです。簡単に言うと、フィゲレスの変革の特徴は、「信頼を回復した後、交渉に勢いをつけること」、そのために「内側から外側へ影響力を拡げること」にあったと言えます。

フィゲレスの目的は崩壊しかけているCOPを立て直し、地球温暖化対策につながる合

意を締結することです。そのために最も重要なのは、言うまでもなくCOPに参加している条約締約国を建設的な交渉の場に戻すことですが、そのための権限を持たないフィゲレスが、COPに対する不信感を募らせている196か国の締約国といきなり交渉しても上手くいきそうにありません。まずは彼らのCOPおよびUNFCC事務局に対する信頼を回復する必要があります。

興味深いのは、交渉の起点に「自分」が入っていることです。信頼を回復するため、フィゲレスはまず自分を変革することから着手しました。フィゲレスはコスタリカ、すなわち途上国の出身です。

地球温暖化対策で先進国と途上国が対立する構図にあって、UNFCCC事務局長としてCOPを推進するにあたり、彼女は自分が中立の立場であることをすべての締約国に信じてもらう必要がありました。

彼女は途上国出身者として地球温暖化を生んだ先進国の過去の行動を非難するのではなく、先進国と途上国双方の立場を受け入れ、地球温暖化に対しては先進国も途上国も共通の責任があると説きました。

【図表14　フィゲレスの交渉過程】

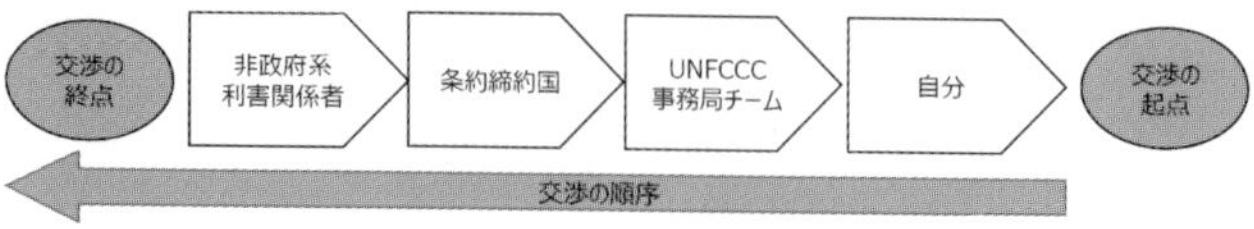

交渉を前進させるには、何よりも加害者（先進国）vs 被害者（途上国）という構図を止めさせる必要があったのです。

続いてフィゲレスは、最初に自分の手足となって働いてくれる、５００名からなるUNFCC 事務局のメンバーの再構築に着手しました。COP15 の失敗により、当時の事務局は士気が低下していました。

フィゲレスは、彼らに自分たちの仕事の歴史的重要性を再度思いこさせるとともに、批判的意見を含む闊達な議論を歓迎し、彼らの持つ深い専門知識を尊重しました。このようにして、フィゲレスはまず身内の意識と行動を変革しました。

第３段階として、いよいよフィゲレスは各国政府の UNFCCC 事務局に対する信頼回復に取りかかりました。

まずフィゲレスは COP15 の失敗を非難するのではなく、問題点を徹底的に洗い出し、それらを教訓として今後の COP に向けた是正措置を作成しました。

また、彼女は気候変動交渉を妨害する国の声にさえ耳を傾けました。例えば、世界有数の産油国であるサウジアラビアがそうです。彼女はまず、女性に対するアラブの非常に厳しい服装規定などに順応しようと努めました。彼らの文化・慣習に敬意を示し、信頼関係を築くためです。

次に、自分の要求を出すよりも先に、彼らの立場とその背後にある利害（関心）を理解しようと努めました。これは統合型交渉の出発点として最も重要なことです（65頁の「統合型交渉の意思決定プロセス」参照）。

すると、彼らは単純に石油資源とそこから得られる収入を守りたいと考えているだけであり、より深い利害（関心）として、石油依存を脱却した「経済多様化」を指向していることもわかりました。ピーター・ブロックの連合相手のタイプによれば（143頁の「連合を組む相手の見極めと対処法」参照）、UNFCCC事務局にとってサウジアラビアは当初、同意レベルと信頼レベルが共に低い「敵対者」であったかもしれません。これがフィゲレスの信頼を勝ち取る努力により、「反対者」に変化した可能性があります。反対者は、「立場が異なるだけで、味方になってくれることも多い」ということでした。

フィゲレスは、これをさらに「同盟者」に昇華させるため、彼らの利害（関心）を満たす代替案として、「（サウジアラビアの）経済多様化の推進を気候変動緩和努力に対する貢献として認める」ことを提案しました。これにより、地球温暖化対策とサウジアラビアの経済多様化は矛盾しないことになります。

この提案の際、フィゲレスは「アコースティック・セパレーション」（123頁の「④アコースティック・セパレーション」参照）を用いました。すなわち、相手にとって受け入れやすい言葉、例えば「化石燃料」という代わりに「炭素排出量」という言葉を用いるなどです。化石燃料という言葉は暗に「石油・石炭」を意味しているため、産油国である彼らを非難しているかのように受け取られる可能性があります。しかし、「炭素排出量」と言い換えれば、他国が主たる排出責任を負っている亜酸化窒素やハイドロフルオロカーボンなども含まれるため、ネガティブに受け取られる可能性が緩和し、サウジアラビアが受入れやすくなるのです。

第4段階としてフィゲレスが取り組んだのは、それまでCOPの対象外だった非政府系の利害関係者を交渉プロセスに参加させることでした。

非政府系の利害関係者を交渉プロセスに加える狙いは、各国政府に影響力を持つ多数者の声により、協定合意に向けた「勢い」を生み出すことにありました。ここから、信頼の回復に加え、「交渉に勢いをつける」段階に入ったと言えます。

マイケル・ワトキンスが特定した、交渉に勢いをつける戦略を構成する要素に、「交渉プロセスを構造化する」（74頁）、「交渉テーブルと、テーブルから離れて行動を調整する」（75頁）がありました。

フィゲレスは「3D交渉」（23頁の「交渉の3次元（3D交渉）」参照）の視点で、いきなり本丸である条約締約国との交渉に取り掛かるのではなく、そのテーブルから離れて交渉を俯瞰し、最終目的を達成するために「誰を交渉に参加させるか？」から見直したのです。

COPへの機運を高め、各国政府に影響を及ぼし得る非政府系利害関係者として、代表的なものにビル・アンド・メリンダ・ゲイツ財団と創設した「変革の勢いイニシアチブ」、政治戦略家トム・リベット＝カルナックと創設した「グラウンズウェル・イニシアチブ」、イケアの最高持続可能性責任者スティーブン・ハワードが創設した、「We Mean Business Coalition（WMB）」などが挙げられます。

フィゲレスの交渉を時系列で追うと、2009年のCOP15以降、2010年のCOP16と翌年のCOP17までが「信頼を回復する段階」、2012年のCOP18から2014年のCOP20までが、COP21に向けた「交渉に勢いをつける段階」であったと言えます。

2013年のCOP19では、各国が作成・提出・維持しなければならない温室効果ガスの排出削減目標、「国が決定する貢献（NDC）」の草案が作成されました。

NDCとは、各国ができるところから始め、科学的に確立された目標（今世紀末までに、気温上昇を産業革命前と比べ２℃以下、できれば１・５℃以下に抑える）を達成するため、５年ごとに貢献内容を見直す（後に各年に変更された）という、新たなアプローチです。

地球温暖化が、加害者（先進国）vs 途上国（途上国）の対立ではなく、共通の問題として認識され、対策に向けて動き始めたことが窺われます。

そして、２０１４年のCOP20の直前、それまで気候変動交渉を後退させてきた最も温室効果ガス排出量の多い２か国（アメリカと中国）が、NDCの公表前に直接交渉に踏み切りました。それまで、中国は先進国がより大きな責任を負うべきだと主張し、アメリカは、温室効果ガス排出量世界一の中国が途上国として扱われるのはおかしいと主張して激しく対立していたのです。

しかし、両国は共同声明を発表し、NDCを明らかにするとともに、「共通だが差異ある責任（CDBR）」に合意しました。CDBRとは、地球温暖化の責任は世界各国に共通するが、今日の大気中の温室効果ガスの大部分は先進国が過去に排出したものなので、先進国と途上国の責任に差異をつけることを謳った概念のことを言います。

先進国と途上国を代表する世界最大の温室効果ガス排出国である両国が歩み寄ったことにより、対立を続けてきた先進国と途上国がそれぞれの役割を果たすことが政治的にも可能となりました。

しかし、COP21を目前にして、障害が立ちはだかりました。フィゲレスはCOP21の議長国であるフランスのファビウス外相と、UNFCCC事務局と議長国が足並みをそろえ協力することを確認していたのですが、「2050年までに世界経済で温室効果ガス実質排出量ゼロを達成する」という数値目標を導入するか否かで対立しました。

フィゲレスは数値目標の導入を主張していましたが、ファビウスや国連事務総長の潘基文も、数値目標の導入が交渉決裂要因になりかねないと反対していました。

そんな中、マーシャル諸島共和国のトニー・デブルム外相により、UNFCCC参加国内の非公式グループとして「高い野心連合」が創設されました。彼らは温室効果ガス排出実質ゼロ達成が、大方の予想よりも多くの国々から支持を得られることを証明しました。これを受け、ファビウスと潘基文も「高い野心連合」に参加し、フィゲレスと彼らとの足並みは揃いました。

２０１５年3月、ローマ法王フランシスコが、世界12億人のカトリック教徒に向け、気候変動に関する回勅を発しました。COP21に向け、機運は大いに高まったのです。

２０１５年12月12日、COP21において「パリ協定」が採択されました。パリ協定は、世界の平均気温上昇を産業革命以前と比べて2℃より十分低く保ち、1・5℃以内に抑える努力をすることに合意する、先進国は途上国に１０００億ドルの拠出を再び約束し、２０２５年までに額を拡大することで合意する、NDCの作成・提出・維持をすべての国に義務づけるなど、地球温暖化対策に向けた、少なくともこの時点では画期的な合意となりました。

交渉の場が及ぼす影響

九地、すなわち地形が心理変化に及ぼす影響は、額面通り実際に交渉を行う現場が交渉者の心理に及ぼす影響として置き換えることも可能です。交渉を行う部屋のデザインや配置されたテーブルや椅子などが、非言語情報となって交渉者の心理に影響を及ぼす場合があります。

ここでは、そのいくつかの例として、①近接性、②テーブルや椅子の配置、③空間利用、

④飲み物や軽食の利用を取り上げます。

① 近接性

人には、他者が一定の距離内に近づくと不快に感じる「パーソナル・スペース（対人距離）」があることが知られています。

この距離は、相手との関係性や文化、民族、性別、個人の性格などによって異なります。そのため、交渉を行う際には、状況に応じて適切な距離を意識し、相手に不快感を与えないよう注意を払うことが重要です。

② テーブルや椅子の配置

筆者の子どもがまだ小さかった頃、クリスマスの時によく観た『素晴らしき哉、人生』という1946年公開のアメリカ映画がありました。映画の中で、ポッターという悪徳銀行家が、取引を持ち掛けるため、主人公のジョージ・ベイリーをオフィスに招く場面があります。ポッターは大きな机の向こうに腰かけ、ベイリーに非常に腰の低い椅子をすすめます。これによって、ポッターは交渉でどちらが優位にあるかを非言語的にベイリーに示しているのです。

このように、部屋の中のテーブルや椅子が非言語のメッセージとなって、交渉者の心理に影響を及ぼす可能性があります。

例えば、交渉の席で椅子が足りないことを理由に、自分たちは会議室の椅子に座り、相手に簡易の折り畳み椅子をすすめたとしたら、相手は気分を損ね、信頼関係に悪影響を及ぼすかもしれません。

座る位置も相手の心理に影響を与えます。テーブルの上座や中央に座ると、優位な立場にあると認識されやすくなります。一方、端の方に座ると、会話に消極的であると誤解される可能性があります。

私たち東アジア社会では、相手に上座をすすめる慣習がありますが、それは座る場所から生じる無用の摩擦を避ける知恵なのかもしれません。

近接性とも関連しますが、テキサス大学のマーク・ナップとノースイースタン大学のジュディス・ホールによれば、テーブルで近くや隣り合って座ることは、協力的な知覚を生み出す一方、距離を置いて座ることは競争的な知覚を生み出すそうです。また、シカゴ大学のリチャード・セイラーとキャス・サンスティーンによれば、四角いテーブルは「競争的、協力的でない、あまり寛大でない」といったイメージと結びつく傾向があるということです。

③　空間利用

交渉の場の使い方も相手の心理に影響を与える可能性があります。例えば、相手との間に荷物を置くと、拒絶の意思や優位性の誇示と受け取られることがあります。また、大きなテーブルや衝立などを間に挟むと、互いの間に心理的距離が生まれる可能性があります。

そのような何気ない行動が、思わぬ相手の反発を招く恐れがあるのです。

④　飲み物や軽食の利用

食事をしながら交渉を行うと、会議室での交渉や食事を伴わない場合と比べて、より生産的な議論が生まれ、双方にとっての利益が大きくなるという研究結果があります。オフィスに軽い飲食物を用意するのも、同様の効果を期待してのことです。

外交上の晩餐やバーで酒を飲みつつ商談をまとめるというように、アルコールが利用されることもあります。乾杯で杯を上げたり合わせたりする、目を合わせるといった儀礼的動作が、信頼関係の構築に役立つことがあるのです。

【本章の参考文献】

- 湯浅邦弘（2008）『孫子・三十六計　ビギナーズ・クラシックス　中国の古典』角川ソフィア文庫
- ディーパック・マルホトラ（2016）『主導権を握るための４つのポイント　交渉の成否は着席する前に決まる』ダイヤモンド・ハーバードビジネスレビュー
- デービッド・A・ラックス　ジェームズ・K・セベニウス（2007）『最新ハーバード流 3D 交渉術』CCC メディアハウス
- ジェームズ・K・セベニウス、R・ニコラス・バーンズ、ロバート・H・ムヌーキン（2019）『キッシンジャー超交渉術』日経 BP
- 上田篤盛（2019）『武器になる情報分析力』並木書房
- Rebecca G. Hulse, James K. Sebenius (2003) "Sequencing, Acoustic Separation, and 3-D Negotiation of Complex Barriers: Charlene Barshefsky and IP Rights in China" International Negotiation 8
- マーガレット．アン・ニール、トーマス．ゼット・リース（2017）『スタンフォード＆ノースウエスタン大学教授の交渉戦略教室 あなたが望む以上の成果が得られる！』講談社
- アダム・ガリンスキー、モーリス・シュヴァイツァー（2018）『競争と協調のレッスン―コロンビア×ウォートン流 組織を生き抜く行動心理学』TAC 出版
- 冷成金（2004）『弁経：人材活用の極意』インプレス

- Herminia Ibarra (2001) “Building Coalitions”, Business Fundamentals As Taught At The Harvard Business School:Negotiation Harvard Business School Publishing
- Roy J. Lewicki (2014) “NEGOTIATION 7th edition” McGraw Hill
- PON STAFF (2024) “How Much Does Personality in Negotiation Matter” The Program on Negotiation
- PON STAFF (2024) “In Negotiation, How Much Do Personality and Other Individual Differences Matter?” The Program on Negotiation
- PON STAFF (2024) “Individual Differences in Negotiation—and How They Affect Results” The Program on Negotiation
- “Big Five personality traits” Wkipedia https://en.wikipedia.org/wiki/Big_Five_personality_traits#:~:text=It%20was%20first%20developed%20in,nervous%20vs.%20resilient/confident)
- James K. Sebenius, Laurence A. Green, Hannah Riley Bowles, Lara SanPietro, Mina Subramanian (2023) “Christiana Figueres and the Collaborative Approach to Negotiating Climate Action” Program on Negotiation at Harvard Law School
- Jeff Thompson, Noam Ebner, Jeff Giddings (2017) “Nonverbal Communication in Negotiation” Griffith Law School Research Paper No. 18-08

第4章

「孫子の兵法」から学ぶ「戦術」と交渉への活かし方

「形篇」から「九地篇」までは、一貫して戦略について述べていますが、その間に挿入される形で、この「行軍篇」と次の「地形篇」は、軍が敵地に侵攻した際の、より具体的な戦術について述べています。

また、第12に位置する「火攻篇」は、火攻という戦術について論じるとともに、「むやみやたらに用いれば、自軍に対しても甚大な損害を与えかねない（ゆえに用いるにあたっては慎重に慎重を期さなければならない）」という火攻の持つ性質を以て、「兵は国の大事なり。死生の地、存亡の道、察せざる可からず」という、「計篇」の冒頭に挙げられた、『孫子』の基本思想を確認しています。

1　「孫子第9　行軍篇」のポイント

「行軍篇」は、敵国でどのように自軍を展開・運用するかについて述べています。初めに、敵地の様々な地形における行軍の原則を説きます。

(1)　山を越える際は、谷沿いに進み、見晴らしの良い高地に陣を構えよ。これは、斜面を攻め上がるよりも、攻め下る方が有利だからである。

(2)　河を渡る際は、渡河後すぐに岸から離れること。渡河中や渡河直後に岸を背にすると、退却が困難となり、不利な状況に陥るためである。一方で、敵が渡河してくる場合は、渡っている最中ではなく、わざと半分渡らせて分断し、その後に攻撃するのが効果的である。戦う際には、河岸で迎え撃ってはならない。これは、河岸では自軍の動きが制限される上、敵がどこに上陸するか予測しづらいためである。そのため、敵が上陸しそうな地点を見下ろせる高地に陣を敷くのが望ましい。また、(1)と同様、流れのある河では、勢いの面からも、川下に位置するのを避けることが重要である。

(3)　沼沢地は「九変篇」の泛地であり、自軍の動きが制限されるため、決して長く留まってはならない。さらに、湿地帯に布陣すると衛生面でも悪影響がある（注）。しかし、やむを得ず沼沢地で戦わなければならない場合は、必ず草や葦を前にし、発見されにくくする。また、背後を突かれないよう、森林を背にするのが望ましい。

(注)：戦争では、実際の戦闘による戦死者よりも病死者の方が多いということがしばしばあった。また、戦争に欠かせない馬の蹄も湿気に弱いと言われている。

(4)　平地では身を隠す場所が少なく、防御が難しい。それでもできるだけ足場がしっかりしており、見晴らしの良い場所を確保することが重要である。その際も、(1)と同様、前方が下り、後方が上りになるようにする。

以上が、地形に対する行軍の際の原則となります。布陣する場合も同じで、有利な位置を占める、視界や行動の自由を確保する、将兵の健康管理に気を配る。こうした配慮ができてこそ、必勝の軍となれるのであり、地の利を得ることができるのです。

次に、様々な現象から起こりうることの兆しを読み取り、対処することで、リスクを未然に防止する例を挙げています。『孫子』の中からいくつか取り上げると、

- 川の水が泡立っているのは、上流で雨が降った証拠であり、水位が上昇する前兆である。そのため、このような状況では渡河を避け、水位が落ち着くのを待つべきである。
- 周囲を囲まれた狭い場所や、草木が生い茂っていて視界の悪い場所は、一度入り込むと脱出が難しくなるため近づいてはならない。これらの地形は罠である可能性が高い。逆に、敵をこうした地形に誘い込む場合、自軍はその地形を正面にし、敵に背を向けさせるように仕向ける。
- 鳥の群れが突然飛び立つのは、伏兵が潜んでいる兆候である。また、獣が怯えて鳴いた

り、驚いてこちらに逃げてくる場合は、敵の奇襲部隊が接近している可能性が高い。

「後三年の役（１０８３年～１０８７年）」で、源義家が上空を飛ぶ雁の群れの乱れを見て、清原軍の伏兵を見破ったとされる、「雁行の乱れ」の話は有名です。

また、１９６２年、アメリカの諜報機関は、偵察機が撮影した写真にキューバでは馴染みのないサッカーの競技場が写っているのを見て、ソ連の技術者が長期間キューバに滞在していると考え、キューバに核ミサイルが配備されつつあることを見破ったそうです。

さて、「謀攻篇」に「彼を知り己を知れば、百戦して殆うからず」という有名な言葉がありました。ゆえに『孫子』は、敵を知るために敵の言動が実際に起こっている状況と一致しない場合、その違和感の裏にある敵の真の意図を読み取らなければならないとし、多くの例を挙げています。例えば、

・（前記の地形の原則にあるように）布陣は通常、高地など攻守ともに有利な場所を選ぶのが基本である。しかし、敵があえて防御に不利な平地に布陣している場合、それは別の有利な条件を持っている可能性が高い。

・使者が謙遜した態度を取りながら、敵が備えや戦力を強化している場合、それはこちら

の油断を誘って奇襲を考えているものと思われる。逆に、使者があえて強気な発言をし、今にも進撃しそうな構えを見せているのは、むしろ撤退準備の可能性が高い。

- 敵が軍の半数を前進させ、半数を後退させるなど、不自然な動きを見せているのは、こちらを誘い出そうとしている兆候である。

同様に、敵から漏出する断片的情報から、相手の真の状況を読み取ることもできます。

例えば、

- 兵士が武器を杖に体を支えているのは、飢えや疲労が極限である証拠である。水汲みの兵士が先を争って水を飲んでいるのは、喉の渇きに苦しんでいる証拠である。
- 敵陣の上空に鳥が多く集まっているのは、すでに敵が撤退した可能性が高い。
- 敵が馬に貴重な穀物を与え、兵士に輜重用の牛を食べさせ、さらに鍋釜を破壊し、野営地にとどまり幕舎に戻ろうとしないのは、追い詰められ、死を覚悟して決戦に臨もうとしている証拠である。

さらに、「彼を知る」ことの一環として、敵の将兵の様子から敵軍の統制の問題を読み取ることにも触れています。統制の乱れは敵軍に生じた「虚」であり、「勢篇」で述べて

いたように、「敵の実を避け、その虚を撃つ」のが攻撃の原則だからです。例えば、

- 敵軍が異様に騒がしいのは、指揮官に威厳がなく統制が取れていない証拠である。
- 指揮官が無闇に怒り、兵士を叱責しているのは、彼らが命令に従わなくなっているからである。
- 指揮官が兵士に対して過度に丁寧な言葉遣いをしたりしているのは、彼らの信頼を失っている兆候である。
- 突然、恩賞の回数が増えるのは、指揮官の権威が衰え、兵士を引き留めるため苦肉の策を弄している証拠である。逆に、懲罰の回数が増えるのは、兵士が疲れ果て、命令に従わなくなっていることを示している。

逆に、次のような例は敵の「虚に見せかけた実」であるので、注意しなければなりません。

- 使者が訪れ、人質や貢物を差し出し、へりくだった態度を見せるのは、こちらの警戒を解かせ、その間に戦力を回復させ、反撃の機会を窺っている可能性が高い。
- 敵軍が勢いよく迫ってきたにもかかわらず、戦う目前で止まり動こうとしない場合は、何か策があると考え、慎重に状況を調査する必要がある。

最後に、敵の「指揮官が無闇に怒り、兵士を叱責する」、「指揮官が兵士に対して過度に

丁寧な言葉遣いをしたりする」と言った様を、『孫子』は、「最初は兵士を乱暴に扱いながら、後から急に腫れ物に触るような態度を取るのは、統率とは何か理解していない未熟な証拠である」と断じ、これを他山の石として、兵を心服させ、信賞必罰を以て軍紀を正すことで軍を一つにまとめ上げる、リーダーシップの重要性を説いています。

そしてそれは「計篇」で強調されているように、いざ戦時となって慌てて行うものではなく、平時からなされていなければならないものなのです。

将帥のリーダーシップの重要性については、次の「地形篇」でより詳しく述べられます。

2 「行軍篇」の交渉への活かし方

「行軍篇」を交渉にどう活かすか

それでは、「行軍篇」を交渉にどう活かすかを見ていきましょう。本節で取り上げる「行軍篇」の交渉への活かし方は次の通りです。

- サンクコスト、フット・イン・ザ・ドア、口車戦術
- 表情に隠された真意を読む
- 断片的な情報から、背後で起こっていることを予測する

サンクコスト、フット・イン・ザ・ドア、口車戦術

「行軍篇」冒頭の、山、河、沼沢、平地といった地形での行軍上の原則に共通するのは、「敵に先んじて有利な位置を占める」、すなわち主導権を握るということです。交渉で主導権を握る方策については、「交渉の主導権を握る」（97頁）で述べました。

４つの地形を行軍する際の原則の２つ目、渡河の原則ですが、渡河中ではなく敢えて半分渡らせてから迎撃する理由は、すでに渡河した敵兵は後ろに渡河中の自軍の兵がいるため、退却することがままならず、渡河中の敵兵は対岸に自軍の兵がいて交戦しているため、河の中で足止めを食らうことになるからです。

まして、そんな時、前方にいる味方が退却してきたら大混乱に陥るでしょう。よしんば、渡河中の兵だけが先に退却したとしても、敵軍を二分することができます。

交渉にも、一度始めた交渉にすでに実りがない、それどころか損失を増やすだけであることがわかっているにもかかわらず、手を引くことができないという交渉者のバイアスがあります。これを「サンクコスト効果」と言います。

サンクコスト（埋没費用）とは、これまで投下した時間、労力、資金など回収できない費用のことを言います。これを惜しむあまり、損失が出るとわかっていても行動を止めら

れないのです。

また、人には苦労して手に入れたもののほうが、価値が高いと認識するバイアスもあります。これを動物行動学の用語で「コントラフリーローディング効果」と言い、人間だけでなく他の霊長類でも観察されているそうです。

ペンシルバニア大学のリチャード・シェルは、交渉で起こる嘘トップ5の1つとして、『ここまでやってきたのだから』と言って、譲歩を引き出そうとする」を挙げていますが、これは交渉者のサンクコスト効果を利用したものと言えるでしょう。

サンクコストを諦めることは恥ではありません、引くべき交渉は立ち去る勇気も必要です。


「分配型交渉の戦術」(78頁)で述べた、「フット・イン・ザ・ドア」は、心理的にはまったら抜け出しにくいという意味で、沼沢地のようです。

また、「周囲を囲まれた狭い場所や、草木が生い茂り視界が悪い場所のような、一度はまると脱出が難しい地形」は、膨大な契約書や専門用語が多用されるような交渉が心理状況として似ています。

そのような交渉は交渉者にとって非常に認知負担がかかるため、そこから逃れようと安易に譲歩したり、理解不十分なまま合意してしまったりすることが起こり得ます。

そうした心理を突き、どれが重要で、どれが単に気を逸らすための情報であるか判断しかねるほど多くの情報で相手を圧倒し、交渉の主導権を握ろうとする戦術を「口車戦術(Snow Job)」と言いました(81頁)。

口車戦術は、欧米では交渉戦術の中でも頻繁に使われるものの1つだそうです。これを防ぐには、納得いくまで質問したり、専門家を同席させたりするとよいでしょう。

表情に隠された真意を読む

次に、「虚実篇」では、様々な現象から起こりうることの兆しを読み取る例が挙げられていました。交渉の現場で「兆しを読む」ことの例としては、しぐさや表情といった相手の非言語情報から、その裏に隠された感情機能を推察するといったことが挙げられます。そのような微細な情報から相手の感情を読み取り、相手の本音に寄り添った対応を心掛けることで、信頼関係構築に役立てることができます。

エルフェンバイン(138頁の「交渉者の性格が交渉に与える影響」参照)らは、シンガポールの学生を対象にした実験で、4課題(交渉の争点が4つあるという意味)の売買交渉シミュレーションを行い、感情認識率の高い売り手ほど、買い手と協力し、効率的により大きな価値を得ていることを明らかにしています。

近年、しぐさやジェスチャーから相手の感情や心理を読みとる「行動心理学」が日本でも知られるようになってきました。しかし、しぐさやジェスチャーに隠された感情についての研究は、アメリカを中心として行われてきたものであり、同じ結果が例えば日本人にもそのまま当てはまるとは限りません。

つまり、現段階では文化、性別、民族性等による影響を超えた万国共通性は確かめられていないという点に注意が必要です。

しかし、多くの非言語情報の中で、唯一顔の表情については、悲しみ、幸福、怒り、軽蔑、嫌悪、恐怖、驚きの7つの基本感情において、その表情の普遍性が概ね支持されています。つまり、交渉において、これらの表情を相手の感情を読み取る手掛かりとして活用することができそうです。

とはいえ、表情を含む、しぐさやジェスチャーといった「非言語情報」は、恣意的に操作することもできます。むしろ、私たちは文化的規範として、怒りの感情を隠して笑顔を見せたり、悲しむ相手に共感していることを示すために哀しい表情を見せたりすることを日常的に行っています。

しかしながら、ある程度強い感情の場合、抑制しようとしても0.5秒以下という非常に短い時間に一瞬だけ表情として漏れ出てしまうことがあります。これを「微表情」と言います。

微表情は本人が気づかない無意識のうちに現れるものなので、恣意的に操作することは困難です。したがって、微表情はその人の隠された感情の手がかりとしてかなり有力であると言えます。ただし、微表情を識別できるようになるには、多少訓練を要します。

「怒りの感情と交渉」(37頁)で、「怒り」とは、「自分の目的が誰かによって不当に妨害されたと感じ、さらに、現状を変えたり、目的達成の障害を取り除くことが可能だと信じている場合に湧き上がる感情」のことであると述べました。

この「妨害された」、「障害がある」と感じることが、怒りという感情を引き起こす要因(感情要因)であり、その感情が果たす機能(感情機能)は、「現状を変える」、「障害を取り除く」です。つまり怒りは現状を変える、障害を取り除くといった行動を促す誘因となります。

同様に、その他の6つの基本感情についても、それぞれの次のような感情要因と感情機能があります。

【図表 15　基本感情の感情要因と感情機能】

感情要因	基本感情	顔の動き	感情機能
目標達成、興奮	幸福 （笑顔） 	・頬が上がり、瞼が圧迫される ・瞼に力が入る ・口角が引っ張られる ・唇が離れる	モチベーションの維持、誘発
不道徳な行為、優越感、嫌悪感	軽蔑 	・顔の片側にえくぼができる	優位性の主張、対象の除外
汚染、不快な言動、腐敗したもの	嫌悪 	・鼻にしわが寄る	除去する、蓋をする
障害物、不正義	怒り 	・眉毛が下がる ・上瞼が引きあがる ・瞼に力が入る ・唇がプレスされる	障害の除去
愛する人や物の喪失、無気力	悲しみ 	・眉の内側が上がる ・口角が下がる ・上顎が上がる	助けを求める、失ったものを取り戻す
予期していないものの出現	驚き 	・眉の内側が上がる ・眉の外側が上がる ・上瞼が引きあがる ・唇が離れる ・顎が下がる	情報検索
身体的、精神的幸福に対する脅威	恐怖 	・眉の内側が上がる ・眉の外側が上がる ・眉毛が下がる ・上瞼が引きあがる ・瞼に力が入る ・唇が水平に引っ張られる ・唇が離れる	脅威の回避、安全確保

※本画像の権利は、株式会社空気を読むを科学する研究所に属し、当該研究所の許可を得て掲載しています。

交渉の現場で微表情を活用するには、ある微表情が現れた時の状況や言動と、その微表情が表す感情との不一致に着目します。例えば、「譲歩の原則」（104頁）で取り上げた売買交渉で、売り手が4900円を提示したとき、買い手のポーカーフェイスの中に、幸福の微表情が表れたとしましょう。

買い手は「まだ高すぎます」と言うかもしれませんが、実はすでにZOPAに入っている、つまり合意してもよいと考えている可能性があります。もし売り手が買い手の微表情を見抜けていれば、慌てて譲歩する必要はなかったかもしれません。

あるいは、ある売買交渉で、売り手が価格、製品機能、納期、支払期日など幾つかの条件を提示した際、買い手が納期のところで驚きの微表情を見せたとします。驚きの感情機能は情報検索、つまり買い手は納期について一番関心がある、もっと知りたいと思っているかもしれません。

前述のように、0・5秒以下で表れる微表情ではなく、通常の表情は恣意的に操作することが可能です。通常の表情は、もちろん素直に何らかのシグナルである可能性がありますが、偽りの感情をシグナリングするため操作された可能性もあると理解し、微表情が示唆する「隠された真の感情」と混同しないことが大切です。

例えば、「沈黙戦術（Flinch）」と呼ばれる交渉戦術があります。これは、交渉相手の提案に沈黙し、強い否定的な身体的反応を示すことで圧力をかける戦術を指します。具体的には、息をのむ、驚いた表情を見せるなど、ショックや困惑を表現することで、提案が不合理であることを示唆します。これにより、相手が提案を取り下げたり、譲歩することを期待しているのです。

この戦術は、実際に「それはショックですね」と言葉にするよりも、信憑性を持って受け止められるとされています。

もう1つ、物事に集中したり熟考したりしているときの表情は、怒りの表情と表情筋の動きが同じなので、怒りと混同しないよう、注意が必要です。胸の前で腕を組むジェスチャーが、自己防衛の場合もあれば、熟考している場合もあるのと似ています。

怒りを露わにするような場面でないところで怒りの表情が表れ、しかもそれが持続する時、それは熟考しているだけという可能性が高いので、説明を丁寧にしたり、「何かよくわからない点はございますか？」というように質問を投げかけてみるとよいでしょう。

しぐさや表情だけを見て安易に判断しないことです。状況や発言の内容と非言語情報との不一致に着目し、そこからその理由を推察することが大切です。

断片的な情報から背後で起こっていることを予測する

「虚実篇」の後半では、断片的な情報から背後で起こっていることを予測する例がいくつか挙げられました。この「予測する力」を高めるにはどうしたらよいのでしょうか？

１９８０年代から予測する力を研究してきた、ペンシルバニア大学のフィリップ・テトロックは、市井のボランティアを訓練して、アメリカ国家情報長官直属の組織であるIARPA（インテリジェンス先端研究プロジェクト活動）が主催した予測トーナメントに出場し、専門家を相手に圧倒的な成績を収めました。

彼は、予測力が高い人には、証拠の重要性に応じて頻繁に予測の更新を繰り返しながら少しずつ真実に近づいていく傾向があることを明らかにしています。

また、テトロックは「(予測力は）生まれつきの才能ではなく、特定のものの考え方、情報の集め方、自らの考えを更新していく方法の産物である。（中略）誰でもこの思考法を身に着け、伸ばしていくことができる」と、予測力は訓練によって身に着けることができると述べており、ダン・ガードナーとの著書『超予測力：不確実な時代の先を読む10カ条』の中で、次の「超予測者を目指すための10の心得」をまとめています（同書より、筆者要約）。

(1) 予測可能な事象に集中し、無駄なことに時間をかけない。
(2) 一見手に負えない問題は、手に負えるサブ問題に分解する。
(3) 事象を一歩引いて眺め、その事象が母集団の中でどれだけ一般的かを問う。
(4) 新たに得られた情報に基づき、確率を小刻みに更新する(一気に更新する場合もある)。
(5) 自分の意見はあくまで検証すべき仮説として、多様な視点に対し積極的柔軟性を持つ。
(6) 不確実性について、頭の中に3つ以上の選択肢を持つ。また、曖昧な言葉をできるかぎり確率に変換する。
(7) 自信過少と自信過剰、慎重さと決断力の適度なバランスを見出す。
(8) 失敗したらその原因を検証する。ただし、「後知恵バイアス」(注)に注意する。
(9) 相手の立場を理解する、正確な問いかけをする、建設的な対立を心がける。
(10) 実際にやってみてフィードバックを得る。
＋α・絶対のルールはないので、以上の10の心得を絶対視しない。

(注) 物事が起きてからそれが予測可能だったと考える傾向のこと。

テトロックによれば、予測トーナメントの参加者にこの心得を読ませたところ、その後1年間の予測の正確性が10％向上したそうです。

3 「孫子第10　地形篇」のポイント

「行軍篇」が山、川、沼沢地、平地といったいわゆる「地形」における行軍の原則を述べていたのに対し、「地形篇」における地形とは、より狭義の「地形の特徴」を指しており、それには次の6種類があると述べ、それぞれの地形特徴に応じた対処の原則を述べています。

(1) 通…両軍が自由に行き来できる開けた地形。日当たりがよく見晴らしのよい高地に陣を敷き、補給線の安全を確保しながら戦えば有利に進められる。

(2) 挂…進むのは容易だが、退却が困難な地形。敵が油断していれば各個撃破できるが、備えを固めている場合、撤退が難しく、不利な戦局に陥る可能性があることから、慎重に判断する必要がある。

(3) 支…視界が悪く、複数の本道とそこからさらに枝分かれする支道が入り組んだ地形。このような場所では、要所に部隊を配置する必要があるため、軍が分散しやすい。両軍とも、先に仕掛ける側が不利になりやすいため、敵の誘いには乗ってはならない。

逆に、自軍が撤退するふりをして敵を追撃させ、地形を利用して分断し、各個撃破すれば有利に戦える。

(4) 隘…入口が狭く、通行が制限される地形。自軍が先にこの地形を確保した場合は、入口を封鎖し、堅固な防御を築いて敵を迎え撃つべきである。逆に、敵がすでに占拠し、防御を固めている場合は、迂闊に攻撃してはならない。ただし、敵の防御が手薄であれば、占拠する好機となる。

(5) 険…守りやすく、攻めにくい険しい地形。自軍が先に占拠している場合は、日当たりがよく見晴らしのよい高地に布陣し、敵を待ち受けるのが最善である。逆に、敵がすでに占拠している場合、正面からの攻撃は避け、一旦退いて迂直の計（111頁）で攻略するのが得策である。

(6) 遠…両軍の陣営が遠く離れ、その間に戦略的に活用できる地形がない場所。このような状況では、戦力が互角であれば、こちらから仕掛けるのは不利である。そのため、無理に動かず、敵が先に動くよう誘導する策を講じることが重要である。

以上のように、『孫子』は「謀攻篇」で「彼を知ることと己を知ること」の重要性を説きつつ、かつ戦場において地形を知ることの重要性も説いています。しかしながら、肝心の軍が次にあげるような状態では、勝てるものも勝てません。
(1) 走…逃走する軍。追撃されると崩壊しやすい。
(2) 弛…規律が緩み、戦力として機能しない軍。
(3) 陥…士気が大きく低下している軍。戦いを継続する力が残っていない。
(4) 崩…組織が崩壊し、まとまりを失った軍。各自が勝手に行動し始めている。
(5) 乱…無秩序で統制が取れない軍。組織的行動ができない。
(6) 北…敵の前で逃亡する軍。追撃されると壊滅する危険が高い。

そして『孫子』は、軍がこのようになってしまうのは、偏に将帥の過失であると断じています。つまり、「行軍篇」に続き、ここでもやはり、最終的には軍を運用する将帥の力量、リーダーシップ次第であると繰り返し強調しているのです。

『孟子』に「天の時は地の利に如かず、地の利は人の和に如かず」とあるように、『孫子』も天の時より地の利、地の利よりも人の和、つまり人心が1つになることのほうが重要だと述べています。

君主が望む戦争目的を理解し、それを達成することこそ将帥の役割です。したがって、ここまで述べてきたような状況判断で勝算があるならば、たとえ君主が戦うなと言っても戦ってよいのです。逆に、勝算がなければ、君主が戦えと言ったとしても戦ってはなりません。

君主の命に背いてまで得た勝利でも、それを誇示することなく、逆に勝算がないと判断し退却した結果、処罰されるとしても恐れはしない。このような将帥こそ、国にとってかけがえのない存在なのです。

兵士を我が子のように大切に扱うからこそ、彼らは将帥に忠誠を誓い、生死を共にします。とはいえ、「（将の）五危」に「愛民」（136頁）とあるように、ただ兵士を慈しむばかりで適切な指示が出せず、規律を守らせることができないようでは、兵士は甘やかされ、戦力として機能しなくなってしまいます。

このように、「己を知る」とは、自軍の戦力ばかりでなく、君主と将帥との信頼関係や将帥の性格、力量を把握するということでもあるのです。

結論として、彼を知り、己を知れば、勝利は決して不確かなものではありません。まして、地形の特性を熟知し、さらに自然条件や時勢を見極めることができれば、勝利は一層確実なものとなるのです。

4　「地形篇」の交渉への活かし方

「地形篇」を交渉にどう活かすか

「地形篇」は「行軍篇」に続き、前半部では地形の種類とそれぞれの地形に対する対処法について述べていました。後半部では、その地形判断より、将帥のリーダーシップが大事であることが再び強調されています。本節では、特に後半のリーダーシップに関する、「地形篇」の交渉への活かし方をとり上げます。

- リーダーシップと交渉
- リーダーシップを高める質問力

リーダーシップと交渉

「交渉は大いにすべき」（20頁）で述べた通り、交渉にとって戦争はメタファーであって、交渉＝戦争ではありません。戦争を遂行するためにリーダーシップが不可欠の要素であるのと同様、チームで行うような交渉でも、チーム内におけるリーダーシップは欠かせないでしょう。

しかしながら、リーダーシップと交渉との関係で見た場合、むしろ優れたリーダーシップに不可欠なスキルとして、交渉力が存在すると言えます。

本書を執筆中の２０２４年7月25日に亡くなった、タフツ大学のジェスワルド・サラキューズは、長年リーダーシップと交渉との密接な関係を主張し続けていました。サラキューズは、「リーダーシップには、ほぼ常に交渉が伴う。優れたリーダーは必ず有能な交渉者なのである」と述べています。


サラキューズの定義によれば、リーダーシップとは、「集団の利益のために、個人が望ましい方法で自発的に行動するよう促す能力」のことを言いますが、集団を構成する個々人が「自発的に行動するよう促す」には、彼らと交渉することが欠かせません。その際、メンバーの真の関心を突き止め、それに自分のメッセージや行動をあわせれば、リーダーシップの目標を達成することができると彼は述べています。

すなわち、交渉力を高めることはリーダーシップを高めることに繋がり、サラキューズは、特に交渉の7要素の内の4要素、①利害（関心）、②関係、③コミュニケーション、④ビジョン（正当性の1つ）に焦点を当てることをすすめています。

①利害（関心）

他人がリーダーに従うのは、究極的にはその方が自分にとって得だからです。優れた交渉のために「立場ではなく利害（関心）に目を向けよ」というのと同様、優れたリーダーは、個々人の利害（関心）を把握し、それらを満たしながら組織目標を達成する方法を探ります。

②関係

優れた交渉者が相手との関係構築を重視するのは、それが信頼を生むからです。人は信頼している相手の提案は受け入れやすくなります。リーダーシップにおいても同様で、関係構築は相手から望ましい行動を引き出す重要な手段となります。

③コミュニケーション

どのようなコミュニケーション手段（コミュニケーション・チャネル）を用いるかも、リーダーシップに影響を及ぼします。少なくとも対面でのコミュニケーションは、メール、テレビ会議、文書と言ったその他の手段と比べ、相手との親密な関係を築きやすいということがわかっています。つまり、選択するチャネル次第で、先の関係構築にも影響があるということです。例えば、手段としてメールを用いざるを得ない場合は、その分、相手との関係構築により配慮する必要があるかもしれません。

④ビジョン

組織のビジョンはトップによって生み出されるものと思われがちですが、そうではありません。メンバー個々の多様なビジョンが先にあり、そこから組織としての1つのビジョンが作り上げられるのです。それを行うのはリーダーの役割です。それは、先の個々の利害（関心）を満たしながら組織目標を達成する方法を探るのと似ています。

リーダーシップを高める質問力

では、コミュニケーションによって信頼関係を構築し、個々のビジョンや利害（関心）を話してもらうにはどうすればよいのでしょう？　信頼関係を築く基礎としてよく言われるのが、「積極的傾聴（アクティブ・リスニング）」です。

積極的傾聴とは、「相手の立場に立って、相手の気持ちや考えを理解する聴き方」のことを言います。積極的傾聴ができる人というのは、一言でいえば「聴き上手」ということですが、リーダーシップコンサルタントのジャック・ゼンガーとジョセフ・フォークマンが、３４９２名を対象に行った調査によると、いわゆる「聴き上手」には次の４つの特性があることが分かっています。

①　話し手の発見と気づきを促す質問をする

②　話し手に自分はサポートしてもらっている、信頼されていると感じさせる
③　話し手と協力的な会話ができる
④　（判断や評価ではなく）話し手に適切な提案をする

つまり、単に相手の話を聞くだけでなく、相手に信頼されていると感じさせ、受け入れやすい形でフィードバックを行うことで、相手の発想力を引き出せる人こそが、真の「聴き上手」なのです。

そのために聴き上手は質問を駆使しますが、ハーバード大学のアリソン・ブルックスとレスリー・ジョンは、信頼関係を築き、相手から本音を引き出すための質問法と環境について述べています。両者を合わせて「質問力」と言うことができるでしょう。

①フォローアップ質問

相手の発言を掘り下げ、さらに情報を引き出すための質問を「フォローアップ質問」と言います。フォローアップ質問によって、相手は話を聴いてもらっている、気にかけてくれていると感じ、信頼感が増します。また、より深く考えることも促します。

②オープン質問

「はい」か「いいえ」ではなく、比較的自由に答えられるような質問を「オープン質問」

と言います。情報を得たい場合や相手に考えさせたい場合などに適しています。

③正しい順序で質問する

関係構築が会話の目的なら、最初は無難な質問から始め、徐々に立ち入った質問へと移行するのが効果的だと言われています。前の質問の回答が後の質問の回答結果に影響を与えてしまう可能性（キャリーオーバー効果）や、質問の順序も考慮する必要があります。

④適切な場所を選ぶ

会話をする場の雰囲気が相手に影響を及ぼすことがあります。本音を引き出したい場合は、堅苦しい雰囲気の場よりも、落ち着いた雰囲気の場所を選ぶほうが効果的でしょう。ブレインストーミング（68頁の「統合型交渉の意思決定プロセス」参照）が、①結論厳禁、②自由奔放、③質より量、④結合改善というルールを掲げているのも、心理的安全性を高め創造性を引き出すことを狙いとしているためです。

⑤個別か集団で質問するか？

1対1で質問する場合と、グループの中で質問する場合では、相手の回答が変わる可能性があります。グループの場合、他者の言動に影響される場合もあるということに注意が必要です。ブレインストーミングでも、他者の発言にアンカリングされる可能性が指摘されています。

5 「孫子第12 火攻篇」のポイント

戦争には、火攻め、水攻め、兵糧攻めなど無数の作戦があります。その中で敢えて火攻めだけ一篇を割き、全13篇の内の第12篇で取り上げられているのは、火攻めがすべてを焼き尽くしてしまう破壊力と、運用を誤ればその致命的被害が自軍に及びかねないリスクの大きさから、他の作戦とは比較にならないほど運用に慎重かつ合理的な判断が求められるためです。

もう1つの理由は、それ故、むやみやたらに用いれば、仮に火攻めが成功しても、すべてが焼き尽くされてしまうため何も得られない、下手をすれば自軍まで甚大な被害を被りかねないという、火攻めの持つ性質が、『孫子』の基本思想を述べた「計篇」に通じ、これまでの11篇を総括する役割を果たしているからです。

火攻めには次の5種類があります。

(1) 火人…敵国の住民や住宅を焼き払う。
(2) 火積…敵の後方にある軍需物資の集積所を焼き、補給を断つ。

(3) 火輜…輜重隊を焼き、敵の糧道や補給線を遮断する。
(4) 火庫…敵前線の軍需物資収容庫を焼き、戦力の維持を困難にする。
(5) 火隊…敵の前線にいる戦闘部隊を焼き、直接的な戦力を壊滅させる。

火攻めを行うには、適切な条件が必要であり、その条件は事前の準備によって整えておかなければならなりません。つまり、むやみやたらに火攻めを行えばよいというものではなく、ふさわしい時、日というものがあるのです。

ふさわしい時とは、空気が乾燥している時。ふさわしい日とは強い風が吹く時期で、『孫子』の作者、孫武の出身地である斉（現在の山東省）の地では、①立冬から冬至の時期、②立春から春分の時期、③立秋から秋分の時期、がそれに当たります（注）。

（注）原文の書き下し文は、「日とは、月の箕・壁・翼・軫に在るなり」。箕・壁・翼・軫は、中国の天文学・占星術で用いられた、天球を月の周期（27.3日）に合わせ28区分（星宿）し、それぞれに星座を当てはめた円形の図（二十八宿）における、星座の名称。星座の運行と風の有無は関係がないため、非科学的な迷信である（そもそも天動説に基づいている）、あるいは二十八宿が占星術で用いられたことから、風が起こる日を占うといった解釈がなされることがある。しかしながら、孫武は「九地篇」で「祥を

禁じ疑を去れば、死に至るも之くところ無し（占いを禁じ、迷信による兵士の疑心を取り除けば、最後まで逃げ出さずに戦い抜く）」、「用間篇」でも、「先知は、鬼神に取る可からず、事に象る可からず、度に験す可からず（敵の実情を把握するのに、神託に頼ったり、亀卜や占筮で推測したり、天文占いで予測したりするようなことがあってはならない）」と述べており、その様に合理的な孫武が、誤れば甚大な被害をもたらしかねない火攻めの日を選ぶに際し、占いをすすめるとは考えにくい。

実は二十八宿は円を8分割し、それぞれ立春から春分、立夏から夏至、立秋から秋分、立冬から冬至に至る季節を表してもいる。上記の箕は立冬から冬至の区分、壁は立春から春分の区分、翼と軫は立秋から秋分の区分に当たる。気象予報士の松嶋憲昭氏の説（https://www.pcken.or.jp/wordpress/wp-content/uploads/2018/09/pcpress_vol17_003.pdf）によれば、これらの時期に強い風が吹くのは中国北部沿岸地域であると推定され、恐らく孫武が仕えた呉（長江河口域）ではなく、孫武の出身地である斉（現在の山東省）のことだろうとのことである。孫武が活躍した紀元前５００年前後は温暖期にあたり、この説が妥当と思われるので、ここではその説を参考にした。

前述の内容は、火攻めを行うための外的条件です。さらに、火攻めを成功させるには、内的条件となる五つの原則（五火の変）を理解し、それを満たす十分な準備を整えなければばなりません。さて、その5つの原則とは、次の5つです。

(1) 敵陣内の協力者を利用し、内部から火を放たせる。

(2) 敵陣内部で火の手が上がったにもかかわらず、敵が静かにしているのは、何らかの対策を講じている可能性がある（176頁の『孫子第9　行軍篇』のポイント」の「兆しを読む」）。このような場合は慎重に様子を観察し、むやみに攻め込んではならない。火の勢いを見極め、攻め込むべきと判断すれば進軍し、そうでない場合は退却する。

(3) 外部から放火が可能であれば、必ずしも協力者による放火を待たず、適切な時機を見計らって外部から火を放つ。

(4) 火は常に風上から放たなければならない（193頁の『孫子第10　地形篇』のポイント」、「天の時」）。

(5) 風は刻々と変化することを考慮しなければならない。現在の風向きが一定でも、後に止んだり、向きが変わる可能性もあるため、慎重に判断する必要がある。

これら五火の変を理解し、火計を用いる際は遵守します。

つまり、火攻めは、人の知恵によってその威力を高めるものです。一方、水攻めは、その流れの勢いを利用するものです。水攻めは、敵軍を分断し、孤立させ、補給路を断つことはできますが、火攻めのような徹底的な破壊は困難です。

また、水攻めは時間を要するため、「戦争の早期終結（拙速）」（31頁）の原則に照らしても、火攻めの方が効果的です。ただし、火攻めを行う際は、前述した外的条件と内的条件を慎重に考慮しなければなりません。これを怠ると、火の勢いが制御できず、かえって自軍にも甚大な損害をもたらす危険があります。

以上、数ある戦術の中から火攻めが取り上げられているのは、火攻めの持つ性質が『孫子』の用兵思想の大原則、すなわち「計篇」に通じるためです。

戦って勝利を収めたとしても、その戦争目的を達成することができなければ、それは災いです。例えば、火攻めですべてを焼き尽くし勝利を収めたのはよいが、あとに何も残らなかった。あるいは、水攻めで敵を包囲したのはよいものの、徒に戦が長引き、そのために膨大な出費が嵩んでしまった。このようなことを費留（無駄遣い）と言います。例えば、「九地篇」でとり上げた晋と楚（151頁）は、長期にわたって覇権をめぐって度々衝突し、大軍を動員して兵糧や人力を疲弊させていきました。

したがって、古より英明な君主は、これらの要素を慎重に考慮した上で戦争を決断し、優れた将帥はそれらを深く理解し、実戦において適切に活用するのです。「計篇」が説くように、「戦争は国の存亡を左右しかねない大事であるため、みだりに行うべきものではない」のですから、

(1) 国の利益にならない戦争は決して起こさない。
(2) 何の成果も得られない作戦は決して採用しない。
(3) 国の存亡がかかった危機的状況でない限り、むやみに戦わない。

これが大原則となります。

ゆえに、君主や将帥たる者は、怒りに任せて軽率に軍を動かしてはなりません。行動の基準とすべきは、国益に適うか否かなのです。怒りの感情は時が経てば和らぎ、喜びに変わることもあります。しかし、火攻めがすべてを焼き尽くすように、国が滅びてしまえばそれで終わりであり、死者が生き返ることはないのです。

だからこそ、英明な君主や優れた将帥は、その危険を深く理解し、常に自らを慎み、戒めるのです。このような君主のもとで国の安全は保たれ、このような将帥のもとで軍の力は最大限に発揮されるのです。

6 「火攻篇」の交渉への活かし方

「火攻篇」を交渉にどう活かすか

火攻めにおける戦術論と本篇が11篇までの総括となっている点を除き、「火攻篇」の言わんとすることは、「勘や迷信に頼るのではなく、可能な限り合理的に意思決定せよ」ということです。そこで本節で取り上げる「火攻篇」の交渉への活かし方は次の通りです。

- 合理的意思決定（交渉も意思決定である）
- 多属性意思決定
- 等価交換法（イーブンスワップ）
- 行動のエスカレーション

合理的意思決定（交渉も意思決定である）

交渉学は、意思決定論（決定理論）や複数の主体が存在する意思決定の数理モデルであるゲーム理論をベースに、意思決定を心理的側面からアプローチする行動意思決定論の知見が加わり発展してきたという歴史的経緯があります。広義には、交渉も意思決定の1つなのです。

意思決定論やゲーム理論は、意思決定の問題を合理的個人という前提の上に立ち、数学的に考察します。これに対しては、そもそも現実の人間は合理的個人などではなく、多くの場合、直感に頼って意思決定しているのだという批判もあります。

例えば、認知心理学者のゲーリー・クラインは著書『決断の法則』（トッパン）の中で、経験を積んだ優れた意思決定者が、重大な意思決定を求められる場面で、しばしば直感に頼って判断していることを膨大な事例と共に明らかにしています。

しかしながら、一方で、人間は直感に頼りがちであるがゆえに、様々な認知的誤りも犯します。本書でも様々な認知バイアスを取り上げてきましたが、その一つに、人間の脳は確率判断が苦手というものがあります。次の例で見てみましょう。

基準率の無視（確率判断における認知バイアス）

例：A君は、人口10000人のB町に住んでいます。ある時、アジアで未知のウィルスが発生し、それが日本にも広がりました。このウィルスの感染力はさほど強くなく、1000人に1人の割合で感染するといわれています。感染すると重症化率は高いといわれていますが、医療機関で治療を受ければほぼ間違いなく完治します。

感染力が高くないとはいえ、重症化率が高いということなので、不安に思ったA君はγ検査（架空の検査名）を受けることにしました。この検査の精度は高く、90％の確率で陽性を判定します。ただし、5％の確率で本当は感染していなくても陽性と判定してしまう（偽陽性）ことがあります。γ検査を受けたところ、A君は陽性判定でした。精度の高い検査なので、A君は不安で仕方がありません、一刻も早く病院に行かなければと思っています。

ところで、このA君が本当に感染している確率は何％でしょうか？ B町に人の流入、流出はないものとします。読み進める前に、皆さんも考えてみてください。


図表16を見てみましょう。まず、陽性判定が出る確率は、感染する確率（0.001）×陽性判定の出る確率（0・9）＋感染しない確率（0・999％）×陽性判定の出る確率（0.05）＝0.0509。この内、本当に感染しているのは0.0009ですので、前記の0.0509で割ると0.017682…、つまり1・77％ということになります。

【図表16　陽性判定が出る確率】

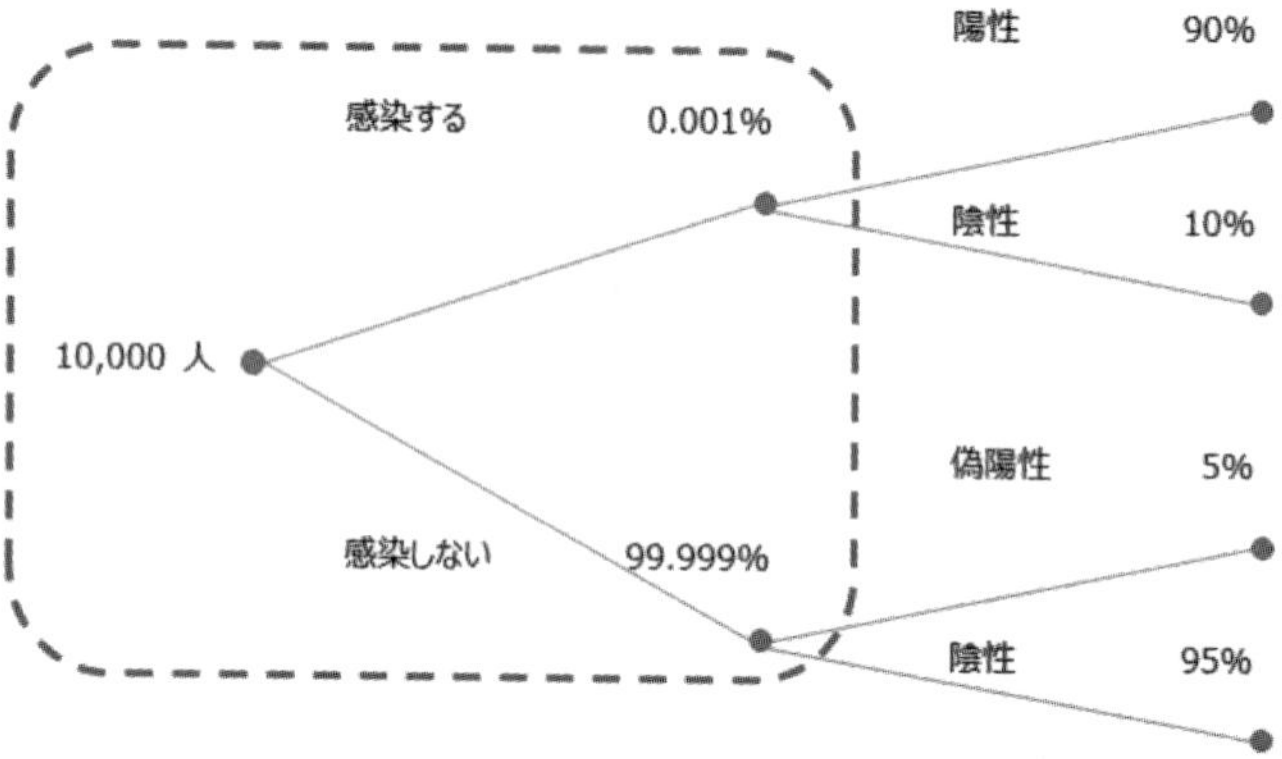

ところが多くの場合、恐らくA君もですが、「陽性判定精度90％」に囚われてほぼ間違いなく感染していると思い込んでしまいます。そもそも「1000人に1人しか感染しない」という前提（図表16の破線部分）を無視してしまうのです。このようなバイアスを「基準率の無視」と言います。基準率の無視による過大評価や過小評価が、望ましくない意思決定を生む可能性があります。

「断片的な情報から背後で起こっていることを予測する」（191頁）でご紹介した、テトロックの「超予測者を目指すための10の心得」の1つに、「曖昧な言葉をできるかぎり確率に変換する」というものがありました。その理由は、確率判断が予測力を高め、予測精度の高さが意思決定の質を高めことにつながるからです。

よく、確実さの度合いを表現する副詞を確率で言い換えるということが言われます（図表17）。それも、「曖昧な言葉をできるかぎり確率に変換」しているのです。

１９６２年、アメリカ政府および諜報機関は、ソ連のキューバにおける核ミサイル配備の可能性について情報を収集・分析し、それを基に意思決定を行いました。しかし、その際に使われた言葉が曖昧であったため誤解が生じ、キューバ危機を招いてしまいました。

前記の蓋然性（ある事象が起こる確実性）を曖昧な副詞ではなく、確率変換するというのは、この時の反省から生まれたものだといわれています。

P&GのマーケッターとしてVE活躍し、その後USJのV字回復の立役者となった森岡毅氏は、著書『確率思考の戦略論 USJでも実証された数学マーケティングの力』（角川書店）の中で、「マーケティングは確かにアートであるが、できる限りサイエンスに近づけるべ

【図表17　曖昧な言葉を確率に変換】

93%(±6%)	ほぼ確実 (most likely)
75%(±12%)	可能性が高い (probably)
50%(±10%)	五分五分 (likely)
30%(±10%)	可能性が低い (maybe/perhaps)
7%(±5%)	ほぼ確実にない (possibly)

きである。そのほうが、成功確率が高くなるからである」という趣旨のことを述べています。

直感に頼らざるを得ない、即断即決が求められる状況ではなく、時間をかけて考えられる状況で、かつその問題が重要であるならば、森岡氏の言葉にある「マーケティング」の部分を「意思決定」に置き換えてもそのまま当てはまるのではないかと筆者は思います。

多属性意思決定

次に、合理的意思決定のプロセスの1つとして、「多属性評価による意思決定」を考えてみましょう。これは、複数の選択肢の中から最も望ましいものを1つ選ぶとき、個々の選択肢が持つ複数の属性を数値的に評価することで決める方法です。

例えば、東京に住んでいるCさんが旅行を計画しているとしましょう。彼女は当初、札幌、福岡、沖縄を候補地として考えていましたが、所要時間に大差がないことを考えると、いっそのこと海外でもいいかなと思い、台北も候補に加えることにしました。

さて、Cさんが候補地を選択する際に考慮する属性は、航空券の運賃、所要時間、宿泊代、食事の魅力と観光の魅力の5つです。比較のため、前者の4つについては、調べた結果の数値を入力します。後者の2つについては、Cさんの主観的な評価になります。CさんはA～Gの7段階で評価することにしました。

次に、候補地を選ぶに際し、各属性の重要度はそれぞれ異なります。Cさんが最も重視するのは観光の魅力で、この範囲なら運賃や所要時間はあまり重視していません。

そこで、それぞれの属性の重要度に応じてウェイトづけを行います。それぞれのウェイトの合計が必ず100になるように割り振ります。

その結果を表したのが図表18です。


しかし、これでは各属性内での比較はできても、単位が異なるので、属性間の比較ができません。そこで、各属性を「満足度」という100点満点の評価に置き換えることにしました。例えば、Cさんにとって7000円の運賃というのは大変満足できるので100点、35000円というのはかなり高いと感じているので10点といった具合です。各属性の値をCさんの満足度に置き換えたものが、図表19です。

【図表18 属性内の比較】

	札幌	福岡	沖縄	台北	ウェイト
運賃（円）	7,000	9,000	10,500	35,000	10
所要時間（h）	1.5	1.5	2.5	4	5
宿泊代（円）	18,000	14,000	15,000	24,000	10
食事の魅力	A	B	C	C	35
観光の魅力	C	D	B	A	40
					100

さらに、それぞれの属性の満足度に属性のウェイトを掛けます。例えば、次のようにです。

・札幌の運賃の満足度（100）×ウェイト（10）＝1000
・福岡の宿泊代の満足度（70）×ウェイト（10）＝700

こうして求められた各属性の数値を候補地ごとに合計した値が図表19の太字の数値になります。この数字は、Cさんの満足度に各属性の重要度を加味した値となります。これで比較すると、Cさんにとって札幌（8300点）が最も満足度が高いということになります。したがって、Cさんは札幌を選択します。

【図表19　属性内の比較を満足度で置き換える】

	札幌	福岡	沖縄	台北	ウェイト
運賃	100	90	70	10	10
所要時間	100	100	80	60	5
宿泊代	50	70	60	35	10
食事の魅力	100	90	70	70	35
観光の魅力	70	50	90	100	40
	8,300	**7,250**	**7,750**	**7,200**	

等価交換法（イーブンスワップ）

もう1つ、「等価交換法（イーブンスワップ）」という手法をご紹介しましょう。

等価交換法は、1973年にハーバード大学で世界初の交渉学の講義を行った、ジョン・ハモンドとデューク大学のラルフ・キーニーが開発した手法で、意思決定論の学問的成果をベースとしながらも、先ほどのような計算を必要とせず、属性間の価値を交換し合うことで、誰でも合理的な意思決定が行えるようにしたものです。

とはいえ、慣れるまでは少しややこしいので、順を追って見ていきましょう。

今一度、図表18に戻りましょう。まず、Cさんは候補地の比較検討にあたり、所要時間を外すことにしました。何故なら、所要時間は概ね運賃と一体の関係にあると言えますし、重要度も低いためです。必ず重要度の低い属性を外さなければいけないという訳ではありませんが、Cさんにとって候補地選びに所要時間は重要なことではなかったので、そうすることにしました。

ここからが等価交換法のスタートになります。等価交換法では、候補地を比較する基準となる属性の数を減らすため、属性の価値が近いものを揃えることで比較の対象から外していきます（価値が同じ属性は考慮する必要がないため）。

図表20を見たところ、4つの候補地のうち2つで評価が同じ「食事

【図表20　所要時間は運賃と比例するのと重要度が低いので外す】

	札幌	福岡	沖縄	台北
運賃	7,000	9,000	10,500	35,000
所要時間	1.5	1.5	2.5	4
宿泊代	18,000	14,000	15,000	24,000
食事の魅力	A	B	C	C
観光の魅力	C	D	B	A

【図表21 「食事の魅力」を「C」に揃える】

	札幌	福岡	沖縄	台北
運賃	7,000	9,000	10,500	35,000
宿泊代	18,000	14,000	15,000	24,000
食事の魅力	C	C	C	C
観光の魅力	A	C	B	A

の魅力」が揃えられそうだとCさんは考えました。

まず、「食事の魅力」について、札幌の評価AをCに変えます。「仮に札幌の観光の魅力がAからCに下がるとすれば、他の属性の評価をどれ位上げれば自分にとって等価と見なせるだろうか？」とCさんは考えます。Cさんは、「観光の魅力」がCからAに上がるのなら、等価だと考えました。そこで、「食事の魅力」と「観光の魅力」との間で価値を交換します。

同様に、福岡の「食事の魅力」をBからCに変えます。Cさんはやはり、この下がった価値を「観光の魅力」で埋め合わせることにし、評価をDからCに上げれば等価であると考えました。同様に、「食事の魅力」と「観光の魅力」との間で価値を交換します。こうして、「食事の魅力」の価値が揃ったので、この属性は検討から外すことができます（図表21）。

次に、Cさんは「運賃」が揃えられそうだと考えました。ここでは、沖縄の10500円に揃えることにします。札幌の運賃を7000円

【図表22 「運賃」を「10,500」に揃える】

	札幌	福岡	沖縄	台北
運賃	10,500	10,500	10,500	10,500
宿泊代	12,500	9,500	15,000	24,000
観光の魅力	A	C	B	B

から10500円に変えると、3500円分の価値が下がることになります。この3500円分の価値は、宿泊費が5500円下がるのなら埋め合わせられるとCさんは考えました（注）。そこで札幌の宿泊代を12500円に変えます。同様に福岡の1500円分の価値の低下は、宿泊代が4500円下がることによる価値で埋め合わせられると考え、宿泊代を14000円から9500円に変えます。

一方、台北は少し厄介です。宿泊代を10500円に揃えるには、24500円安くなった分の価値だけ、他の属性の価値を減じなければなりません。Cさんにとって、これを宿泊代と交換することは難しく（宿泊代の満足度は元より低いため）、代わりに「観光の魅力」をAからBに減じることにしました。こうして、「運賃」の価値も揃ったので、この属性を検討から外します（図表22）。

（注）ここでは金額の比較をしているのではなく、運賃と宿泊代のそれぞれCさんの頭の中にある満足度で比較しているという点に注意。Cさんにとって運賃の3500円と宿泊費の5500円は満足度において等価だということである。

【図表23　札幌は沖縄、台北と比べ優位にあるため、この２つが対象から外れる】

	札幌	福岡	沖縄	台北
宿泊代	12,500	9,500	15,000	24,000
観光の魅力	A	C	B	B

【図表24　「宿泊代」を「12,500」に揃える】

	札幌	福岡
宿泊代	12,500	12,500
観光の魅力	A	C（B）

さて、いよいよ比較する属性が2つになりました（図表23）。ここで表を見ると、沖縄と台北はいずれの属性も札幌を下回っていることが分かります。合理的に考えて、価値の低い方を選択することはありませんので、この時点で沖縄と台北は選考対象から外れることになります（注）。

（注）これは、ゲーム理論の「支配された戦略の逐次消去」という考え方がベースになっている。

残ったのは、札幌と福岡です（図表24）。福岡の宿泊代9500円を札幌の12500円に揃えます。この時、福岡の宿泊代3000円分の価値を埋め合わせるには、「観光の魅力」をCからBに上げたのでは行き過ぎという気がします。

しかし、宿泊代を揃えた時、仮に福岡の観光の魅力をBに上げたとしても、Aの札幌が上回ることになります。よって、Cさんは札幌に行くことに決めました。

行動のエスカレーション

「火攻篇」で、戦争目的が曖昧なままに軍事行動を起こし、勝利を収めたのはよいが、多くの犠牲を払い、割に合わない結果となってしまうことを「費留」と言いました。西洋の諺では「ピュロスの勝利（Pyrrhic victory）」と言います。

古代ギリシャのエペイロス地方の王であったピュロス1世は、ローマとの2度にわたる戦いで勝利しましたが、長引く遠征で自軍も大きな損害を受けました。その時、「今度ローマに勝ったら、わが軍は壊滅するだろう」と述べたと言われていることに由来します。

「サンクコスト、フット・イン・ザ・ドア、口車戦術」（183頁）で取り上げたように、損失を増やすだけであることがわかっていたとしても、すでに投下した費用の回収に固執するあまり、手を引くことができない交渉者のバイアスを「サンクコスト効果」と言いましたが、これも「費留」の1つであると言えます。

他にも、約束した手前やめられない、相手を打ち負かすことが目的化するなどの要因で、一度選択した行動が、その後状況が変化したにもかかわらず止められず、泥沼化していくことがあります。このような傾向を「行動のエスカレーション」と言います。

東西冷戦時代、米ソが膨大な資金を投じて核兵器開発競争を繰り広げ、地球を何度も破壊できるほどの核兵器を有しているにも拘らずやめられなかった結果、ソ連は破綻して崩壊し、アメリカも深刻な双子の赤字を抱えることになりました。これなどは、行動のエスカレーションの典型的な例と言えます。

また、イエール大学のマーティン・シュービックが考案した、「ドル・オークション」という有名なエスカレーション・ゲームがあります。20ドル紙幣のオークションを行った結果、参加者は相手を打ち負かすことに夢中になるあまり、平均落札価格は20ドル～70ドル、時には100ドルに達することもあったということです。

このような非合理的エスカレーションを意思決定から取り除くには、エスカレーションが起こる心理的要因を抑えておく必要があります。ハーバード大学のマックス・ベイザーマンは、要因として次の4つを挙げています。

①知覚のバイアス

最初の意思決定を支持する情報には敏感に反応する一方で、矛盾する情報は無視してしまう傾向。

②判断のバイアス

最初の投資で損失が生じると、それを取り戻そうとして、非合理的であっても同じ行動を続けてしまう傾向（サンクコスト効果）。

③印象管理

他者に対する自分の印象を意図的にコントロールしようとする行動。

④競争的非合理性

二者間の競争において、明らかに非合理的な結果が予測されるにもかかわらず、何が非合理な行動かを特定できずに誤った行動をしてしまうこと。

【本章の参考文献】

- 上田篤盛（2016）『戦略的インテリジェンス入門』並木書房
- G・リチャード・シェル（2016）『段階的なアプローチが分かりやすい 無理せずに勝てる交渉術』パンローリング
- Hillary Anger Elfenbein, Maw Der Foo, Judith B. White. Hwee Hoon Tan (2007) "Reading your Counterpart: The Benefit of Emotion Recognition Accuracy for Effectiveness in Negotiation" Journal of Nonverbal Behavior
- 清水建二（2016）『微表情を見抜く技術』飛鳥新社
- フィリップ・E・テトロック、ダン・ガードナー（2016）『超予測力：不確実な時代の先を読む10カ条』

早川書房
- Jeswald Salacuse (2006) "Real Leaders Negotiate" Negotiation Briefings
- ロイ J. レビスキー（2011）『交渉力最強のバイブル：人間力で成功するベストプラクティス』 マグロウヒル・エデュケーション
- ハーバード・ビジネス・レビュー編集部 (2020)『マインドフル・リスニング』（ハーバード・ビジネス・レビュー EI シリーズ）ダイヤモンド社
- アリソン・ウッド・ブルックス、レスリー K. ジョン（2018）『リーダーの EI（感情的知性）を高める優れた質問力』ダイヤモンド・ハーバード・ビジネスレビュー
- "003 お天気雑記帳 - 孫子" 一般社団法人プレストレスト・コンクリート建設業協会 HYPERLINK
- 田中康（2019）『気候文明史』日経ビジネス人文庫
- ゲーリー クライン (1998)『決断の法則：人はどのようにして意思決定するのか』 トッパン
- M.H. ベイザーマン, D.A. ムーア（2011）『行動意思決定論：バイアスの罠』 白桃書房
- 森岡毅、今西聖貴（2016）『確率思考の戦略論 USJ でも実証された数学マーケティングの力』角川書店
- John S. Hammond、Ralph L. Keeney、Howard Raiffa（1998）"Even Swaps_A Rational Method for Making Trade-offs" Harvard Business Review

第5章

「孫子の兵法」から学ぶ「情報」と交渉への活かし方

『孫子』の思想は、「兵は国の大事なり。死生の地、存亡の道、察せざる可からずなり（「計篇」）」、すなわち戦争はみだりに起こしてはならないということを前提としつつ、用兵にあたっては「彼を知り己を知れば、勝ち乃ち殆うからず。地を知りて天を知れば、勝ち乃ち全かる可し（「地形篇」）」と説いています。

国の大事ゆえ、五事・七計をもって察するにせよ、天・地・人（彼・己）を知るにせよ、そのために情報が必要であることは言うまでもありません。よって『孫子』はその最後に、それまでの12篇とは別に諜報活動（情報収集）の重要性を説く篇を独立して設けています。

1 「孫子第13　用間篇」のポイント

まず、「計篇」や「作戦篇」の繰り返しになりますが、戦争とは極めてコストのかかるものであり、その犠牲を払ってでもなお軍事行動を起こすのは、勝利によってそれを上回る政治的・経済的利益を達成できると判断してのことです。

そうであるならば、戦う以上、必ず勝利を収めなければならないことになりますが、そのために最も重要な情報収集のコストを惜しみ、敗北を喫するようでは、将帥として失格であると言わざるを得ません。

敵を知り、己を知り、地の利を知り、天の時を知る源は、すべて確かな情報にあります。ゆえに、神託や占いを当てにするようなことがあってはなりません。

戦略や作戦は、必ず間者や人脈を通じて集めた情報、または自らの目で確かめた情報に基づき判断すべきなのです。

用間篇の「用間」とは、間者を用いるということです。

間者には次の5種類があります（五間）。

⑴ 因間…敵国内の住民を間者として利用し、内部の情報を収集する。
⑵ 内間…敵国の中枢にいる役人を間者として利用し、機密情報を入手する。
⑶ 反間…敵の間者を見破り、逆にこちらの間者として利用する。
⑷ 死間…わざと自軍の間者を敵側に送り込み、偽りの情報を流して敵を欺く。
⑸ 生間…敵国へ潜入して情報を収集し、無事に帰還して報告する間者。

これら五間を巧みに組み合わせ、しかも悟られることなく運用できる将帥こそ、真に国の宝と言うべき存在です。最高度の機密を扱う間者は、よほど有能な者でなければ使いこなすことができません。また、万が一機密が漏れた場合は、漏らした者も、それを聞いた者も決して生かしておいてはなりません。

敵を探るには、まず「生間」を重要人物の身辺に送り込みます。逆に、こちらを探りに来た間者には利益を与え、「反間」として引き入れます。「因間」と「内間」は、反間の協力を得ることで獲得できます。こうして得た情報をもとに、敵に隙が生じた瞬間を狙って「死間」を用います。死間が成功したかどうかは、他の四間を通じて推測します。最も重要なのは反間なので、特に厚遇しなければなりません。

全軍は間者からの情報を頼りに動くので、間者は戦争において最も重要なものなのです。

2 「用間篇」の交渉への活かし方

「用間篇」を交渉にどう活かすか

「情報収集と意思決定のプロセス」（107頁）で述べたように、諜報活動は「インテリジェンス分析」または「インテリジェンス研究」と呼ばれる分野で研究されています。アメリカのCIA（中央情報局）に代表されるように、外交交渉や軍事行動を含む国家間の諸活動において、諜報機関は現代でも非常に重要な役割を果たしています。

私たちが日常的に行っている交渉においても、情報収集とその分析は極めて重要です。ここでは、交渉に役立つと思われる、「インテリジェンス研究」の用語をいくつか取り上げます。


初めに、同じく「情報」と訳される、インフォメーション（Information）とインテリジェンス（Intelligence）とは何が違うのでしょうか？

元防衛省情報分析官の上田篤盛氏による定義によれば、インフォメーションとは、駅や商業施設の案内板にあるような、「ある事柄についてのお知らせ」を意味します。

一方で、インテリジェンスとは、インフォメーションに対して能動的な分析を加え、意思決定（行動を含む）に役立つレベルまで高められた知識のことを指します。つまり、インテリジェンスは、それを使う人にとって有用なものでなければならないのです。

まとめると、インテリジェンスとは、①有用性、②適時性、③正確性の３つの要件を満たした情報（知識）ということになります。

この内、「正確性」は①妥当性、②一貫性、③具体性、④関連性の４つを満たしている情報を言います。

これらインテリジェンスの3つの要件は、「交渉の準備をどこまでするか?」という、交渉学で交わされる議論に対する1つの答えになると思います。「交渉の準備はすればするほどよい」という学者もいます。しかし、準備に投じることができるリソース、収集できる情報、そして人間の認知能力には限界があります。

「交渉の準備の重要性」(69頁)で見たように、一般に交渉の準備フェーズは、情報収集、分析、計画立案に分けられます。しかし、永遠に準備フェーズを続けているわけにはいきません。

そこで、この情報収集、分析、計画立案をどこまでやればよいかについて、①有用性、②適時性、③正確性の3つを基準判断とするのです。

次に、インテリジェンスは自分、相手、環境を対象として作成されます。これはまさに「地形篇」の「彼を知り己を知れば、勝ち乃ち殆うからず。地を知りて天を知れば、勝ち乃ち全かる可し」、すなわち、「敵と味方の状況を理解していれば、勝利は決して不確かなものではない。さらに、地形の特性を熟知し、自然条件や時勢を見極めることができれば、勝利は一層確実なものとなるのである」と同じです。21世紀になっても変わっていないというのは、面白いですね。

最後に、インテリジェンスの代表的な情報収集の手法の中から、合法、安価、かつ高度な知識や技術などを必要としない一般の我々の交渉に役立つと思われるものをご紹介します。

すなわち、「交渉に必要な情報をどこから収集するか?」ということです。我々の周りには、意外と情報源がたくさんあるということがわかります。

①オシント(OSINT: Open Source Intelligence)

公開されている情報源から収集される情報のことを言います。例えば、ウェブサイト、ニュース、ソーシャルメディア、官報、論文など、合法的にアクセスできるすべての公開情報を含みます。諜報活動で得られる情報の実に80~90%がオシントからと言われています。

②ヒューミント(HUMINT: Human Intelligence)

人を通じて得られる情報のことを言います。例えば、有識者から話を聞く、相手の情報を得られる人物や重要な情報にアクセスできる人物との接触などが含まれます。ヒューミントは人を通じての情報収集であるため、信頼性や正確性が問題となる場合がありますが、一方でオシントでは得られない詳細な情報を得られる可能性もあります。

「彼を知り己を知れば、勝ち乃ち殆うからず。地を知りて天を知れば、勝ち乃ち全かる可し」（地形篇）という言葉に代表されるように、『孫子』は全篇にわたって情報の重要性を説き続けていたということが、ここまでお読みになってすでにお分かりいただけたかと思います。交渉も同じです。「交渉は情報戦である」といっても過言ではないほどです。

情報があることによってはじめて、相手の利害（関心）や制約条件を把握でき、自分の強みと弱みを知ることができ、説得力を増すことができ、不確実性を減らすことができ、相手の戦術を見抜くことができ、価値を交換したり創造したりすることが可能となるのです。逆に「彼を知らず己を知らざれば、戦う毎に必ず殆うし」（謀攻篇）なのです。

【本章の参考文献】

- 武岡淳彦、佐野寿龍（1998）『孫子兵法』ありあけ出版
- Michael D. Watkins, Sydney Rosen (2001) "Rethinking 'Preparation' in Negotiation" Harvard Business School Publishing
- 上田篤盛（2019）『武器になる情報分析力』並木書房

コラム：交渉学の巨人、ハワード・ライファ

日本ではほとんど知られていませんが、著者が交渉理論に親しむきっかけとなった交渉学の巨人、ハワード・ライファ（１９２４年―２０１６年）について簡単にご紹介したいと思います。

ライファの元々の専攻は数学で、第二次世界大戦中は数学の専門家として従軍、戦後は占領軍の一員として東京の立川にいたこともあるようです。その後、フォン・ノイマンとオスカー・モルゲンシュテルンが１９４４年に生み出した「ゲーム理論」を世に広めることに大きく貢献しました。ハーバード大学に移籍後、意思決定論の専門家として活躍し、そこから発展して交渉を系統的な学問としてまとめ、「交渉分析」と呼ばれる分野を確立します。特に、１９８２年の著書“The Art and Science of Negotiation”では、本書でも取り上げた「統合型交渉」の可能性を理論的に示しました。

彼は教育者として最後まで教壇に立ち続けたほか、１９７６年に起きたウォーターゲート事件の伏線となり、映画にもなった『ペンタゴン・ペーパーズ』で有名なダニエル・エルスバーグや１９７３年に世界で初めてハーバード大学で交渉学の授業を行った、ジョン・

ハモンドなど数多くの優れた学者を指導し、輩出しました。２００５年にノーベル経済学賞を受賞したトーマス・シェリングも、「ハワードがいなければ、私のノーベル賞受賞はなかった」と述べています。

また、学問の成果を社会の改善に活かすことにも積極的でした。例えば、１９７２年に、世界初の非政府系国際研究所、国際応用システム分析研究所（IIASA）の設立に関わり、その初代理事長を務め、冷戦時代に東西の科学者が世界共通の課題について共同研究できる場を設けることで東西の緊張緩和に努めました。

交渉学の巨人、ハワード・ライファ。一学者として象牙の塔にこもるのではなく、人材を育成し、社会改善のために行動する「実践の人」でもあったのです。

【コラムの参考文献】

・Ralph L. Keeney (2016) Remembering Howard Raiffa. Decision Analysis 13(3):213-218.
・Howard Raiffa (2010) Memoir: Analytical Roots of a Decision Scientist

＜おわりに＞（「日本人は交渉下手」か？）

本書の22頁で述べたように、バブコックによると、アメリカ人男性はアメリカ人女性の4倍多く交渉するそうです。バブコックは、この女性の「交渉しない」という傾向が、女性が不利益を被っている一因となっていると述べています。

女性が交渉しない傾向にある要因は様々ですが、1つには、男性が交渉を作業の1つと考えるのに比べ、女性は人間関係の一部と考える傾向にあると言われます。交渉することによって、人間関係が危険にさらされるのを嫌がるのです。

また、交渉できる状況であるかどうかについての見方にも男女差があるようです。このような傾向の結果、不利益を被っている状況を克服するため、バブコックは、女性に交渉についての知識を身につけること、そして最初は簡単なお願いから段階的に要求を増やしていき、交渉に対するポジティブな体験を積み重ねていくことをすすめています。

一方で、女性は男性より問題を解決するため質問し、傾聴し、創造的に考え、協力するスキルに長けていると言われています。これは、本書でも取り上げた「統合型交渉」に不可欠のスキルです。つまり、女性はより質の高い価値創造の交渉に向いていると言えるのです。

しかも、複雑で多様化する今日において、単独で自己利益のみを追求するよりも、他者との協力関係により相互利益を生みだす能力の重要性は高まっています。

ただし、これはあくまでアメリカ人女性を対象にした研究での話です。日本においてはどうなのでしょう?

日本交渉協会では、2022年に一般の人300名(男女それぞれ150名)を対象に交渉に関するアンケートを行いました。その結果、興味深いことがわかりました。

日本では、交渉を「ほとんどしない」、「あまりしない」と回答した割合が、女性76%、男性66%と、合わせて7割にも達したのです。また、交渉が「苦手」、「どちらかと言えば苦手」と回答した割合は、女性68%、男性64%とこれも男女とも6割以上に達しました。つまり、日本では男女差なく「あまり交渉をしない」と考えており、「交渉が苦手である」と思っているようなのです。

そして、交渉が苦手だと思う理由を聞いてみると、男女ともに「論理的に話したり、上手に話したり、そもそも話すことに苦手意識を持っている」がトップに挙げられました。

男女で若干差が見られたのは、男性の場合、「自分の主張と相手の主張との折り合いをつけることに難しさを感じている」といった自分視点の理由が多く挙げられていたのに対して、女性の場合は、「相手に嫌な思いをさせるのではないか」、「(相手に) どう思われるのかが不安」といった、関係視点の理由が多かった点です。女性は交渉を関係としてとらえる傾向があるという点は、アメリカでの研究結果と一致しています。

ところで、「交渉」という言葉から連想するイメージについて聞いてみると、男女ともに「会話・対話(コミュニケーション)」、「かけ引き」、「妥協」といった言葉が上位を占めました。交渉には、かけ引きや譲歩・妥協点を探るもの、難しいものといったイメージがあるようです。

また、これらの言葉から特定の分野についての単語を抽出してみると、やはり男女の別なくビジネス分野(価格、取引、契約など)が圧倒的に多く、次に政治軍事外交(外交、政治、戦争など)、犯罪(警察、人質、交渉人など)、司法(弁護士、代理人など)と続きました。

交渉というと、やはりこのような分野で行われるものというイメージがあるということがわかりました。

このように日本の場合、アメリカと異なり交渉に対する男女差はほとんどありませんでした。しかもそれは、世代を通じても変わりませんでした。

アンケート結果から推察すると、まず日本人は「交渉」というものをビジネス、政治軍事外交、犯罪、司法といった特定の環境で行われるものと思っているため、自分が日頃交渉を行っていることに気づいていない、あるいは、自分の利益より相手との関係を拗らせたくないという思いがあるため、かけ引きや妥協点の探り合いである交渉はなるべく避けたいと考えているのではないかと思われます。

そして、そうしたかけ引きのために相手を言いくるめたりするような能力は自分にないため、交渉を苦手だと思っているようです。


しかしながら、これは裏を返せば、日本人には相手との関係を重視し、個々が互いを尊重し合いながら円滑に物事を進め、全体としてよりよい関係や結果を生み出したいと考える性質があるということではないでしょうか？

いわゆる「和の精神」と呼ばれる、調和や協調を重視する精神姿勢または価値観です。これは本書を読んでおわかりのように、「統合型交渉」と親和性の高い価値観です。

一般に「日本人は交渉下手である」と思われていますが、それは、そこでイメージされている交渉がかけ引きや妥協点の探り合いである「分配型交渉」だからです。「統合型交渉」

という観点で見れば、日本人はむしろ交渉上手であるかもしれないのです。その上、「統合型交渉」の今日的意義は高まっています。

ただし、統合型交渉を上手に行うには、ただそれに向いているというだけでは十分とは言えません。日頃、調和や協調を重視する関係性の中で培っているスキルを自覚し、戦略的に運用できるようになる必要があるのです。そのために、交渉理論を学ぶことは大きな助けになります。

日本交渉協会を創設した藤田忠先生が日本に交渉学をもたらした理由は、価値創造を行う統合型交渉の優れた素質を持つ日本人が、その能力を如何なく発揮するため、交渉を理論的に学ぶ必要性を強く感じられたからだと思います。

皆さんの人生がより良いものとなるための一助として「交渉」があるということ。本書がそのスキルを高めるための「交渉学」に興味をもっていただくきっかけになったのであれば幸いです。

窪田恭史

著者略歴

窪田　恭史（くぼた　やすふみ）

1973 年横浜市生まれ。

早稲田大学政治経済学部卒業後、アンダーセンコンサルティング（現アクセンチュア）を経て、衣類リサイクルの老舗ナカノ株式会社に入社。現在、同社代表取締役社長。NPO 法人日本交渉協会常務理事として、交渉理論研究を担当。

交渉アナリスト２級土日集中講座講師も務め、受講生からは「とても勉強になりました」、「価値創造の大事さを強く学べました」、「実用性、面白さ、意欲がわく学問だと思いました」、「思った以上に有意義な講習」、と好評を得ている。

『孫子』の他、『易経』にも興味を持ち、同社では役職名が『易経』に因んだものになっている。

交渉の戦略
～孫子の哲学が導く意思決定の技術

2025年３月４日　初版発行

著　者　窪田　恭史　© Yasufumi Kubota

発行人　森　忠順

発行所　株式会社 セルバ出版
〒 113-0034
東京都文京区湯島１丁目 12 番６号 高関ビル５B
☎ 03（5812）1178　　FAX 03（5812）1188
https://seluba.co.jp/

発　売　株式会社 三省堂書店／創英社
〒 101-0051
東京都千代田区神田神保町１丁目１番地
☎ 03（3291）2295　　FAX 03（3292）7687

印刷・製本　株式会社 丸井工文社

Printed in JAPAN
ISBN978-4-86367-945-0